U0839499

复泰经管书系

WILEY

How to Make Organization Design Decisions to Drive the Results You Want

企业组织设计

如何利用组织设计驱动业务结果的达成

[美] 格里高利·凯斯勒 (Gregory Kesler)
艾米·凯茨 (Amy Kates) 著
江阮渊 张善依 译
刘 欣 朱智文 审校

電子工業出版社
Publishing House of Electronics Industry
北京 · BEIJING

Leading Organization Design: How to Make Organization Design Decisions to Drive the Results You Want by Gregory Kesler, Amy Kates
ISBN: 978-0470589595

版权贸易合同登记号 图字：01-2018-6822

图书在版编目（CIP）数据

企业组织设计：如何利用组织设计驱动业务结果的达成 /（美）格里高利·凯斯勒（Gregory Kesler），（美）艾米·凯茨（Amy Kates）著；江阮渊，张善依译. —北京：电子工业出版社，2020.10
书名原文：Leading Organization Design: How to Make Organization Design Decisions to Drive the Results You Want
ISBN 978-7-121-38548-3

Ⅰ. ①企… Ⅱ. ①格… ②艾… ③江… ④张… Ⅲ.①企业管理－组织管理学 Ⅳ. ①F272.9

中国版本图书馆 CIP 数据核字（2020）第 035830 号

责任编辑：吴亚芬
文字编辑：袁桂春
印　　刷：北京虎彩文化传播有限公司
装　　订：北京虎彩文化传播有限公司
出版发行：电子工业出版社
　　　　　北京市海淀区万寿路 173 信箱　　邮编：100036
开　　本：720×1 000　1/16　印张：14.5　字数：214 千字
版　　次：2020 年 10 月第 1 版
印　　次：2021 年 12 月第 3 次印刷
定　　价：68.00 元

凡所购买电子工业出版社图书有缺损问题，请向购买书店调换。若书店售缺，请与本社发行部联系，联系及邮购电话：（010）88254888，88258888。
质量投诉请发邮件至 zlts@phei.com.cn，盗版侵权举报请发邮件至 dbqq@phei.com.cn。
本书咨询联系方式：（010）88254199，sjb@phei.com.cn。

赞誉

组织以何种方式开展工作，关系到组织对环境的响应速度、商业决策的质量、沟通协作的效率。本书将组织设计视为系统变革的过程，在梳理基于战略分析的组织设计方法的同时，强调人才和领导力规划在组织设计中的重要性，并给出相应实施落地的建议。本书对于组织设计工作者、咨询顾问、企业管理者有较强的指导价值。

——杨崑 工业与组织心理学博士，组织发展专家

随着超竞争时代的到来，如何使企业具备长久适应力及高效的学习和创新能力，成为每一位管理者必须面对的挑战，组织设计终将成为一项必要的领导能力。本书通过“五大里程碑”的清晰流程，勾勒出一幅极其实用的组织设计路径图，书中贯穿始终的“人才和组织同战略一样重要”的观点让人醍醐灌顶。重新设计组织，让人才杠杆发挥最大价值，必将成为推动组织变革的决定性因素。非常有幸借此机会，把本书作为组织设计指导工具用书推荐给广大读者学习、领悟、实践。

——肖婷 猎聘人才与组织发展研究院院长

组织设计是否有效？对企业的价值回报是否可以达到？需要考虑和平衡业务战略、人才布局、员工行为模式等多个方面。我推荐本书的原因有两个：(1) 理论和方法论的高逻辑和明确性，具有实操经验的业务高管和人力资源专业人士可以借此来梳理过往经验，扩展多维度的战略视野；(2) 丰富的实践案例和系统工具，正在探索和践行组织设计的人群可以在其中找到很多“接地气”的参考和总结。

——谢鸣芳 资深人力资源管理、领导力和组织发展专家

致中国读者

组织设计与组织发展在中国仍是相对较新的领域。但是，随着中国本土企业的领导者在战略方面变得更为成熟，并向国外市场扩张，他们正面临着我们在世界各地所看到的同样问题：渴望创新商业模式的传统企业、企图扩大规模的初创企业，以及其他所有企业，都试图吸引人才、降低成本和管理变革。

本书是为企业领导者、人力资源和组织发展专业人士而撰写的。我们很高兴能够以一种易于理解的形式将我们的组织设计框架和方法呈现给新的读者。

- 虽然组织发展和组织设计在中国可能还是相对较新的学科，但我们已经看到，对于指导复杂组织变革的实践技能的需求是巨大的。
- 真正的创新正在增长。中国的企业领导者已不再满足于只是做一个快速的追随者。金融科技初创企业、数字化初创企业、成熟企业中精细的孵化器与其他任何发达国家的一样充满活力。正如海尔这样的一些公司，因其创新的商业模式和管理流程而被研究学习。
- 中国的企业领导者非常重视组织文化，他们会问："我们如何能够更好地激励和促进创新？我们如何能够在管理者及员工层面创造更多的授权？我们如何能够将敏捷思维融入我们的工作方式？我们如何能够提高决策制定的速度？我们如何能够激励真正的具有创业素质的行为？"

我们相信，在集体中人类行为的模式及具有的挑战都是相通的。我们已经看到，介绍成熟的组织设计框架和工具的书籍跨越了文化而被翻译。我们相信五星模型的简单性和整体性将引起许多中国的企业领导者和人力资源专业人士的共鸣。此外，我们鼓励读者尝试运用本书中建议的参与式设计流程，我们认为这对于许多人来说会是一个全新的且具有挑战性的理念。

我们相信，如同闪亮的摩天大楼、崭新的道路和高铁线路一样，组织发展和组织设计在中国将大有作为。随着商业环境将继续变得前所未有的复杂，企业领导者将寻求行之有效的方法来促进组织的成长和变革，并寻求经验丰富的外部和内部组织顾问。

我们提供本书的目的是帮助打造富有成效和成功的公司，这些公司将提供高满意度的工作环境。感谢阅读本书，我们祝愿你工作顺利。

艾米·凯茨

格里高利·凯斯勒

审校者序一

我一直在思考两个问题，一是这个剧变时代，什么能力最重要。我觉得是应变力，对企业而言就是组织应变力。首先是正确的战略因应，其次是组织能力匹配。正如杰·加尔布雷斯所言，“成功地执行当今的领导者角色需要设计和改变组织的能力，而没有比这更重要和更具挑战性的任务了”。

二是我们应该做什么样的商学教育。在我二十几年的职业生涯中，差不多一半时间在企业，一半时间在高校。众所周知，高校重理论轻实战，咨询公司反之。而作为企业管理者，不仅要知其然，还要知其所以然，要能真正解决问题。所以，我心里一直有这样的念想，要做兼顾理论引领与实战落地的的实战商学教育。

作者在引言中提到，企业领导者希望给他们一个流程，确保针对组织制定最佳决策，并让合适的人参与进来。还有的企业领导者不认为让高管团队以外的人参与进来是有价值的，或者在决策过程的后期才被要求参与进来。这表明企业领导者真正理解组织设计的不多，也不擅长此道，亟需专业指导。

本书汇集了两位作者在组织设计领域的研究和实践经验，为我们展现了组织设计的五大里程碑流程，以及在每个阶段最适用的模型、概念和工具。它克服了以往偏重理论，缺乏实操性，或者偏重实践案例，缺乏理论指引的不足，帮助我们既避免照猫画虎，东施效颦，又可以按图索骥，从容应对。

由于中美文化差异，我们在审校过程中遇到了不少挑战，如有些词汇找不到现成的中文对应等。为了确保翻译的质量，我们请教了一些业界专家，如复泰实战商学院组织能力研究中心主任王红生老师、复旦大学管理学院 MBA 客座教授陈建行博士等，在此对他们的支持表示感谢，也祝愿各位读者开卷有益。

复泰实战商学院副院长 朱智文

审校者序二

创新组织设计，激活组织能量

2018 年 12 月，我们邀请到本书的作者之一、国际知名组织设计专家艾米·凯茨（Amy Kates）在中国进行了一场精彩的演讲，主题为“创新组织设计”。这是在正式认识艾米的 5 个月后，她首次应邀来到中国分享。这一年被称为“OD 元年”。演讲当天，台下有 700 多位公司人力资源高管和外部组织发展实践者，他们对于艾米所分享的组织设计理念和方法论及其在谷歌等跨国公司的实践案例产生了强烈的共鸣。很多人渴望在组织设计领域有一个已经被实证的方法论作为指导，也很好奇如何通过高度参与性的方式完成组织设计的升级重构。艾米会后交流了首次来中国的感受，虽然中国经济发展迅速，然而组织发展和组织设计刚刚起步，接下来一定有很大的需求和发展，她建议企业的领导者和组织发展的内、外部专家，尽快掌握一些落地的方法论来指导当前复杂的组织变革实践。同时，真正的创新正在中国涌现，本土的商业领袖不再满足于仅仅成为追随者去复制他人，越来越多的商业领袖正在带领组织不断自我创新和超越，成为全球的行业领袖，因此更加需要在组织设计和组织发展领域有专业的陪伴支持。

我与本书的缘份始于多年前在可口可乐的一段工作经历。公司邀请到了总部的组织发展专家来为中国的 HR 和 OD 团队做了一次组织发展工作坊，其间分享了许多精彩的可口可乐全球组织变革案例，多处都有提到杰·加尔布雷斯的五星模型。该模型提供了一个视角，能够对组织进行时时观察和审视，我对其充满好奇，想进一步深度了解。遗憾的是，作为闻名的战略和组织设计专家，加尔布雷斯有代表性的出版著作却凤毛麟角。一直到 2018 年，我在亚马逊上看到了本书，由格里高利·凯斯勒和艾米·凯茨合著，艾米·凯茨曾经与加尔布雷斯共事多年，拥有深厚的理论研究背景和丰富的实践经验。我第一次和远在纽约的艾米连线沟通时，就被她所分享的逻辑脉络清晰的组织设计方法论、丰富的实践案例所吸引，也被她极大的热情所感染。作为组织发展领域的从业人员，假如能够早点了解到这些经过多年实践验证的系统方法论，学习已经在全球跨国公司组织发展和设计的实践案例，再结合自身需求加以整合运用，一定会在组织面临变革时做到更加游刃有余，少走很多探索的弯路。

这本书从“是什么”和“如何做”两个方面清晰地阐释了组织设计的精髓。关于“是什么”，书中用加尔布雷斯的五星模型简明扼要地描述了组织设计的各要素。以战略为起始，清晰的战略提供了明确的目标和实现目标的途径。为了取得成功，我们的组织必须真正擅长什么？要具备哪些独特的差异优势？要能够在哪些方面比竞争对手做得更好？这些问题的答案决定了组织执行战略所需要的能力，即组织能力。五星模型清晰地描绘了领导者通过 4 个切实可用的杠杆可以调整和创建一个一致性的组织：结构、流程、衡量和激励、人才发展。结构，与权力关系和组织架构相关；流程，告诉我们谁需要协作，如何将组织的各个边界组织联结起来；衡量和激励，激励个人在团队和组织层面正确合作；人才发展，人的赋能和成长。五星模型的实质是关于组织一致性。文化不是组织设计的五星模型一部分，这是因为在组织设计的视角上，文化是不能被设计的，是每一个组织工作方式的一个结果，也是组织发展的关注点。关于“如何做”，书中详述了五大里程碑的组织设计流程，这是进行组织设计的“方法”，同样要首先理解战略，了解执行战略所需要的能力及当前的运营模式，这些信息会影响五大里程碑中的每个环节的工作。

组织设计和组织发展有什么不同呢？通过阅读本书后会更加清晰，组织设计是关于我们如何配置组织的各个组成部分来最好地实现战略；组织发展是运用合适的方式将组织设计的意图带入现实情境中。对于组织而言，两者是一阴一阳。当带着系统视角时，需要虚实结合、软硬兼施。那什么时候最合适引入组织设计？当面对组织主动选择战略变革时，如开发新客户、进入新市场、改变业务模式、决策缓慢或内部竞争过高，我们需要引入组织设计；同时，假如外部环境变化所带来的市场游戏规则改变，针对过去而完美设计的组织也需要变革；另外，当组织频繁出现决策缓慢或内部竞争过强，没有达到想要的绩效时，也会是一个机会去关注组织设计。

作为关注组织进化的系统教练，我关心整合性的组织发展。大多数领导者花费大量时间在战略和人才上，却没有花费足够的时间在组织上。组织提供了一个重要的环境和容器，让员工在每天上班时能够为共同的目标贡献自己独特的才能，也承载着组织这个整体生命体去达成使命。一个好的组织设计，是领导者为创建一个健康和有活力的系统所做出的一系列深思熟虑的选择，如果我们有一个深厚的体系，一套框架、工具、方法和一种通用语言去指导自身，这个选择的成功概率就大大提高。

无论是东方还是西方，组织所关注的话题是相通的，组织所渴望实现的活力和增长也是一致的。组织设计是战略执行的杠杆，组织设计是一个变革过程。在当今中国，很多本土组织成长迅速，面临着规模增大、业务复杂和文化多元，如何发挥组织的杠杆作用、构建组织能力、将组织打造成一个充满活力和吸引力的工作场所，去应对外部变化和内部创新，从而实现战略目标，这是组织必须解的一道应用题。

“为者长成，行者常至”，伟大的思想只有付诸行动才能成为壮举！期待更多在当今复杂并快速变化的商业环境中，对于激活有效组织感兴趣的业务领导者、人力资源和组织发展专业人士阅读本书，通过掌握组织设计的核心理念和方法，去付诸实践和整合应用，创造出更多中国本土的优秀实践！

最后，在这里特别感谢两位译者，江阮渊和张善依，他们投入了大量的工作和时间去琢磨书中的理论及模型，也感谢电子工业出版社的信任及复泰商学院的大力支持，才能让本书在中国得以出版。

刘欣　合睿中成组织系统进化教练中心创始人

序

在不久之前，只需要“顺其自然”就可以进行组织设计。领导者被建议只需雇用最优秀的人员就可以了。每个人都知道优秀的人员可以让任何组织顺利运转起来。不管这些观点是否合理，但在当今的情况下它们是行不通的，因为我们正处于一个与以往不同的时代。

随着大众市场的发展，过于简单的组织设计观念消失了。因为大规模生产服务于大众市场，并通过大众媒体来实现在大众市场中的发展。而大多数公司出售独立产品，并且每种产品都有其独特的属性和标准。当面对复杂性时，这些公司将被分成多个部门，每个部门都是一个独立的损益中心。这些公司也创建了公司中心，公司中心根据各种投资组合模式将投资资金分配给各个部门。这些模式进一步将这些部门的盈利能力和发展潜力按照“瘦狗、金牛或明星”进行分类。国际商业环境的特点是放松管制和私有化。在以上这些模式下，表现最好的是惠普和明尼苏达矿业制造公司（Minnesota Mining and Manufacturing Company，3M）。它们的组织设计方法基于细胞分裂的生物学过程。也就是说，当一个业务单元变得过大时，便被分成两个较小的部门。这两个部门接下来变成了四个部门，以此类推。每个部门都是一个功能完整且自主的业务部门。但是，这种模式现在已经不再适用于惠普、3M 或其他大多数公司了。在向新的组织模式转型时，惠普和 3M 已经在外部招募了两位首席执行官。

本书包含领导者在当今商业环境中所需要考虑的建议。组织设计需要本书作者向我们展示的更全面、更深思熟虑的方法。公司现在面临的情况不是通过大规模生产服务于大众市场，而是通过大规模定制产品服务于分割化的细分市场。如今的发展重点不在于人们所熟悉的成熟市场，而在于新兴市场，这些新兴市场拥有不同的文化、活跃的东道国政府，以及作为竞争对手、客户和合作伙伴的国有企业。公司被要求将产品、软件和服务整合成基于数字标准的解决方案，而不再仅关注独立的产品和服务。如今，所有事物都可以和其他事物互通有无。公司的某些部门在过去是单独工作的，而如今必须共同协作。

因此，如今的领导者需要去做必须做的事情，而不是让事情顺其自然地发展。领导者学到的经验教训，如“保持简单”和“你只需要优秀的人员”，将不再有效。领导者需要的是凯斯勒和凯茨在本书中提出的那种明确的设计过程。大多数领导者在公司的成长过程中，没有学习如何设计并管理三维或四维的矩阵组织，但通过遵循本书中的五大里程碑流程，领导者可以学会如何设计当今更为复杂和必要的组织形式。

本书的一些独到之处使其很有价值。通过本书，我们可以了解设计现代组织的清晰过程——通过五大里程碑流程来完成。本书并不像一本简单的食谱，事实上，作者在提供的过程和实践内容之间取得了平衡——在设计过程中的适当环节引入实践内容。通过这样的方式，作者向我们展示了该做什么以及如何做。

本书的另一个独到之处是将组织设计与组织变革相结合。我们之中的大多数人认为变革始于设计。通过遵循五大里程碑流程，公司可以让许多关键人员参与设计-变革的流程。这是使每个人都能接触并学习组织设计的一个好方法。

我向所有负责机构管理工作的人员推荐本书。因为成功地扮演当今的领导者角色需要设计和改变组织的能力，而没有比这更重要和更具挑战性的任务了。本书应该成为当今领导者的指导书籍之一。

杰·加尔布雷斯（Jay Galbraith）

目　录

引　言

为什么需要组织设计

企业领导者可以直接对三个绩效杠杆产生影响：

1．战略——公司选择的竞争领域和方式，以及选择不参与竞争的领域。

2．顶层团队的人才——创建并指导组织日常活动的高管团队。

3．组织的形态——如何分配权力和资源来影响制定的决策和执行的工作。

战略是首要和根本的。无论人才或组织执行多么优秀，都无法弥补糟糕的投资战略。然而，人才和组织同战略一样重要。没有明确执行路径的战略会浪费公司员工的创造力。

在过去的十年中，人们对于战略执行的人才杠杆有大量的研究，给予了许多关注，并出版了不少著作。虽然组织设计和发展作为学科也得到了发展，但无论在学术领域还是企业领域，人才和组织之间的联系非常少。

我们一直都认为，为了从人才的投资中获益，公司需要创造组织条件，让所有员工（从一线员工到首席执行官）都能发挥最好的工作水平。美国企业领导力协会在 2009 年发起了一项重要的研究，旨在找出为什么虽然大多数公司都会关注领导层的选择和发展，但仍有如此之多的领导者感到受挫和失败。其结论是“领导层不是孤立存在的。组织必须考虑领导者工作的组织结构，以及宏观和微观的市场情况。当有合适的人才和组织来应对特定的市场情况时，领导层才会有优秀的表现”。

优秀的组织设计能够以高度的一致性制定出有效的业务决策。在最基本的层面上，考察决策制定的一致性（在特定的战略背景之下）是对组织结构是否有效的测试。因此，优秀的人才或者得益于其工作的组织，或者受害于组织对其造成的阻碍，这样的观点有其合理性。即使人们能找到克服障碍的方法，但谁会愿意选择在这样的组织中工作呢？

组织设计是一项领导能力

在领导过市场营销、销售或运营方面的优秀团队之后，被提拔晋升的新任总经理面临的最大挑战之一，是如何将他们的领导影响力扩展到整个组织中。当今的总经理都能理解组织能力在竞争中的重要性，但他们中很少有人能够清楚地知道如何培养这些能力。本书正是关于组织领导力的，即如何使组织的各组成部分达成一致地执行战略并消除障碍，从而使组织成员能够制定正确的决策，并发挥最好的工作水平。随着战略和组织变得越来越复杂，仅仅能够激励个人和领导团队是不够的。对当今任何成功的领导者而言，掌握组织设计的基本知识已经成了一项必要的个人能力。

增加组织复杂性的众多因素包括：

- 变化的商业模式以及管理各种商业模式组合的需求。
- 流程和产品的创新。
- 全球扩张以及与越来越成熟的本土企业竞争的现实。
- 在不增加经常性支出的情况下增加产量、扩大范围和提高能力的效率压力。

组织被设计用来管理战略和挑战，不过组织将变得如同战略和挑战一样复杂。但是，组织本身的复杂性并不是坏事。相比那些管理层只能做好一件事情的公司，管理一个能够执行复杂战略的复杂组织的能力，实际上为组织提供了竞争优势。如今的国际商业机器公司（International Business Machines Corporation，

IBM）能够通过一个复杂的网络，包括结构、业务流程和人际关系，同时做好多件事情，这是一个很难被复制的组织设计。

海伍德（Heywood）、斯潘金（Spungin）和特恩布尔（Turnbull）主张，区分组织内部个人所遇到的复杂性与众多运营单元、职能单元和地域单元（必须得到管理的网络中的节点）中固有的复杂性是很重要的。领导者有时会犯这样的错误，试图通过减少产品供应或合并决策制定来减少内部的“复杂性体验”。尽管这可能使组织更容易管理，但也会破坏其价值。虽然领导者的目标应该是避免不必要的复杂性，但其也必须避免不能反映战略复杂程度的过分简单化的设计。领导者应该有意识地设计整合机制，并构建管理团队必要的协作能力。通过这样的方式，组织可以根据需要，拥有任意数量的节点和维度，同时又最小化员工和客户的复杂性体验。

当公司中的多条汇报关系线（如市场、品牌、客户和地域等）并不是有目的地设计的，没有达成一致，或者产生了权力不平衡时，组织确实会对领导者提升影响力和有效性造成阻碍。建立有目的的一致性是当今领导者的核心工作。

本书关于组织设计有何特别之处

本书是为那些希望制定更好的组织设计决策，从而更有效地执行复杂战略，并为人才获得成功创造条件的企业领导者而撰写的。本书也适用于针对组织设计决策向领导者提供建议，以及针对组织决策实施过程对人力资源和组织发展专业人士进行指导。

企业领导者最常向我们提出的要求都会如此：“我知道我们需要变革，而且我对于我想要做的事情有一个相当好的想法。请给我一个流程，确保我针对组织制定最佳的决策，并且让合适的人参与进来。我希望确保我们是在挑战自己的创造性思维，最终，我希望团队能够团结一致地支持并实施这项变革。”

从企业内部的人力资源和组织发展部门的工作人员那里，我们会听到这样的问题："通常在决策过程的后期我才会被要求参与进来，或者我的客户不认为使用相关流程并让目前高管团队以外的任何人员参与进来是有价值的。我如何能在决策过程的更早阶段贡献自己的价值，并给予企业领导者信心，相信我有能力做好这项工作呢？"

在本书中，我们的目标是为领导者和高管团队提供一个指导思想，用于制定组织设计决策。本书的框架就是我们所说的组织设计的五大里程碑流程。

- 第 1 章强调了每个里程碑的组成部分。
- 第 2 至第 14 章阐述了我们认为在每个阶段最适用的模型、概念和工具。这些章节按里程碑进行划分，并按逻辑顺序进行呈现，总体反映了各个主题在设计决策过程中是如何产生的。同时，每个章节也都是作为独立的部分来撰写的，当设计难题出现的时候，读者可以参考单独的各个章节。
- 第 15 章和第 16 章从项目管理的视角来看组织设计。我们分享了角色、参与，以及规划和执行设计阶段的详细指导，确保合适的人员参与决策制定的过程，并有效地管理时间和其他资源。第 17 章专门针对领导者，说明了组织设计是一项必不可少的个人领导能力。

本书没有面面俱到，因为我们假设你熟悉组织设计的基本概念，并具备一些在经历变革的组织中的领导经验或工作经验。我们想象作为读者的你，是一位睿智而成功的企业家或咨询顾问，正在寻找一个清晰而实用的指导，帮助你将积累的经验转化为实用的智慧。本书的目的是为你提供新的思路，充实你的专业技能，并提供一种条理清晰的方式，来组织你关于这个领域的现有知识。此外，我们将分享关于如何能使组织设计流程变得简单易懂的经验见解，从而使其成为一种根深蒂固且可以复制的管理能力。

关于组织设计的观点

当接手一个组织设计项目时，人们的思维被一系列观点所指导，这些观点既涉及组织设计工作的内容，也涉及组织设计工作的流程。

1．好的设计总是始于清楚地认识你想要解决的问题。如果业务问题没有得到很好的界定，常常会导致过分地依赖或误导结构的改变。

2．组织结构是变革的强有力工具，但它又是迟钝的。流程、人员、激励和衡量的改变几乎都是调整组织结构的其他关键互补因素。

3．组织设计既是一门艺术，也是一门科学。最好的设计包括源于商业论证的明智且实际的判断，它由事实支撑且通常由一系列待验证的假设发展形成。

4．直接改变文化是不可能的。关于结构、流程、衡量标准和人才的决策形成了文化。人们在很大程度上是理性的。当环境改变时，他们会改变自己的行为。

5．一个组织的首要目的是制定决策。决策受到权力的影响。理解权力动态及如何塑造权力动态对组织设计至关重要。

6．设计组织时应该报以会由优秀的领导者来运营组织的期望。人才和组织相辅相成，共同形成一个整体。直到新的结构配备了合适的领导者，组织设计工作才算完成。

7．组织设计是培养领导者的机会。通常情况下，最好不要围绕当下的人来设计组织中的角色，而是定义能够拓展和培养优秀人才的角色，这才是有意义的。

8．与大多数系统性变革一样，当领导者在设计和实施变革过程中让合适的、各部分具有代表性的人员都参与进来时，组织变革会产生更大的影响。

9．尽管如此，组织设计仍是一项领导层的责任，而不是一项共识活动。组织设计决策的制定不应该被授权给其他人。

本书分享了我们加在一起共计 40 年来在组织设计领域的研究、工作和学习。它反映了已经融入我们工作中的许多知识来源，当然，也反映了我们有幸服务过的客户的实践经验。需要特别提到以下几位思想领袖，他们影响了我们，塑造了我们关于组织设计的信念并形成了方法。杰·加尔布雷斯是组织设计领域的创始人之一。五星模型是我们所有工作的基础。沃尔特·马勒（Walt Mahler）关于领导力发展和组织设计的开创性思想影响了我们对于人才发展及如何设计组织来发展领导者的方式。鲍勃·西蒙斯（Bob Simons）的控制杠杆模型启发了我们关于治理复杂组织的思考。感谢我们的朋友和同事迈克尔·舒斯特（Michael Shuster），他建议根据应用情况对西蒙斯的模型进行改编。最后，迪克·阿克塞尔罗德（Dick Axelrod）教会了我们如何通过让整个系统和大型群体参与进来，以多重视角来充实、完善设计流程。我们在本书中分享了我们所学到的知识和经验，这些都源于我们前辈、导师的工作基础之上。

第 1 章

五大里程碑

组织设计工作需要一个路径图。虽然这个过程不完全是直线型的，但我们发现对五个步骤进行思考是很有用的，我们称之为组织设计的五大里程碑流程。每个设计项目都有自己独特的路径，会迭代我们呈现的流程，也会发生偏离。组织是一个三维且无形的概念，组织设计没有一种万无一失的方法可以一步一步地遵循。组织设计既是一门艺术，也是一门科学。

我们在诸多行业或者国家和文化中，为各种规模的公司、政府和非营利组织服务过，凭借这些经验，我们知道组织可以互相学习，可以运用同样有用的各种框架来开发自己定制化的解决方案。我们改进、完善了一个流程，该流程适用于拥有数百名到数万名甚至更多名员工的组织的各种情形。这个流程非常具有可扩展性，可以在企业层级、业务单元和主要职能部门内部发挥其有效性。

我们故意使用“里程碑”这个词来关注结果，而不是活动。自罗马帝国时代以来，里程碑一直被用作道路上的参考点。它们使旅行者安心，知道他们正在走的路径是正确的，并标示旅行的距离或距目的地的剩余距离。在组织设计中，也有标志用来标示一个组织何时完成了决策制定的某个阶段，并准备好继续向下一个阶段推进。

图 1.1 展示了五大里程碑模型。澄清战略所需的能力会影响每个里程碑中关于优先事项和权衡的决策。企业的运营模式和澄清战略所需的能力同等重要——运营模式即组织的各个部分相关联的程度如何。运营模式通过明确各个部分之间的连接和整合的方式及关联程度，来影响每个步骤中制定的决策。

里程碑一：商业论证和探索

里程碑：你很清楚需要解决的问题

有效的组织设计的第一步是为变革构建商业论证。商业论证是由战略的关键要素、对组织现状的分析及一套明确定义的设计标准构成的。

合理的组织设计决策依赖清晰的战略，因为组织设计是将战略思想转化为行动的第一步。参与组织设计过程的任何人都必须理解战略及其含义，并认可战略的达成将使公司实现卓越的成果。如果战略含混不清，充满相互冲突的目标，或者过于宽泛，没有给出清晰的选择，那么它不能带来一个切实可行的组织。如果战略没有得到充分的解释和理解，参与设计过程的利益相关者将带着不同的假设，这将导致冲突的产生而非创意的激发。最后，如果那些必须执行战略的人员并不相信它会带来更好的未来，那么他们对于承担组织变革的艰巨工作就不会做出什么承诺。

一旦战略的要点被清楚地指出，接下来就该评估现状并阐明需要解决的问题了。这一任务是对当前结构实现战略关键因素的能力进行评估。这通常意味着找出差距，但组织问题并不一定都是由差距引起的。我们同许多成功的公司合作过，在这些公司中，领导层确定了由新技术、地域扩张或竞争对手的行动导致的未来环境变化，因此即便其当前的业务能力依然强有力，他们仍旧发起了战略的积极转变。当前的结构并不适用于新任务的执行。这种情况下的“问题”是构建新的能力并创造组织条件，从而让员工能以新的方法应对新的工作——可能是以新的行为。

里程碑一：商业论证和探索，将通过三章内容来帮助你认识第一个里程碑。

能力
商业论证和探索
战略分组
整合
人才与领导者
过渡
运营模式
里程碑一
你很清楚需要解决的问题
里程碑二
你选择了一个支持战略的基本结构
里程碑三
你整合了各个部分并明确了权力关系
里程碑四
你对关键角色进行了设计和人员配置，并明确了高管团队的工作
里程碑五
你在领导变革，并准备好进行衡量、学习和调整

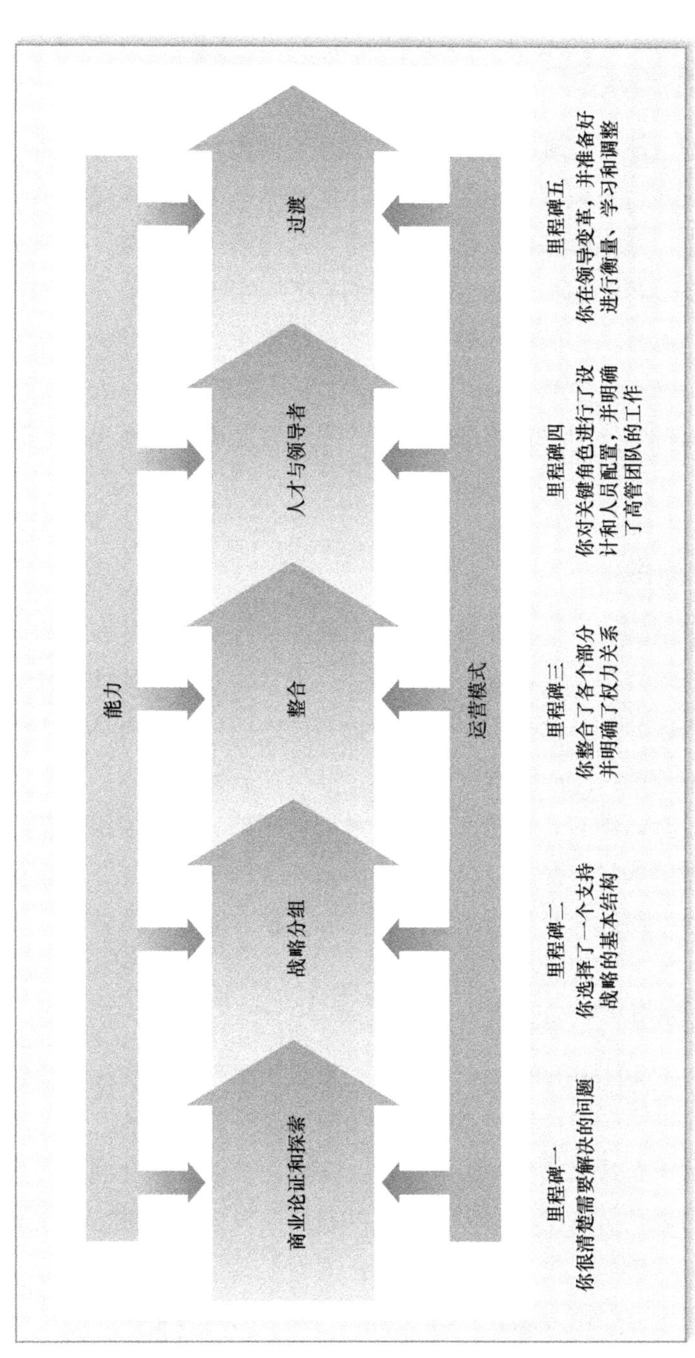

图 1.1　五大里程碑模型

澄清战略的优先级

澄清战略的方法有许多种。就目的而言，我们需要一种工具，能让我们测试战略是否清晰、是否被理解、是否被认可，并开始产生了组织级影响，从而指导设计决策的制定。战略画布对于用来使一个团体理解组织战略，并确保在主要因素上达成一致是一种特别有效的方法。我们偏爱运用这一方法，因为它能让团体快速理解概念，而且操作简单，并着眼于构建使组织产生差异化的未来能力。这个工具是由 W. 钱 • 金（W. Chan Kim）和勒妮 • 莫博涅（Renee Mauborgne）开发的，包含在他们的著作《蓝海战略》中。我们将展示如何在组织设计中运用这一工具。

定义变革缘由

一旦明确了战略，我们需要确定组织中的哪些改变将构建新的能力。为了找到令人信服的变革缘由，完成针对现状的评估极其重要，该评估包括财务数据、客户反馈及对问题和机会的分析，这些数据是通过面谈和焦点小组访谈进行收集的。六个设计驱动因素——管理层的关注、杠杆化资源和成本、协调和整合、专业化、控制和权责、学习和动机，作为一种结构框架，可以被用来根据企业的规划对现状优势和劣势进行分析。设计驱动因素还有助于确定变革的选择。它们使任何组织设计中存在的内在权衡和紧张关系能更容易地体现出来。

制定设计标准

为了从组织变革中获得最大化的收益，最好不要局限于解决眼前的问题，而要考虑未来 12～36 个月内能将企业与竞争对手区分开来的能力。这些能力将成为人们用来测试所有选择的组织设计标准。务实而积极地关注创造优势，对于设计团队和员工来说具有激励性和吸引力，并能鼓励发散性思维，相比采用解决问题的方法，这往往会产生更具创意的想法。

正确的组织设计标准有助于在五大里程碑流程的所有里程碑中产出更好的结果。在每一步骤中，组织设计标准都影响决策。它们决定了组织设计什么样的基本组织单元最有效，需要什么样的业务流程、跨职能团队及权力分配和治理形式来实现这一结构。设计标准同样影响角色定义、人员配置标准设计和新领导团队的工作。最后，在过渡阶段，设计标准是衡量进展的方法。我们是否正在建立一个能够提供开展业务所需能力的组织？

里程碑二：战略分组

里程碑：你选择了一个支持战略的基本结构

一旦商业论证被解释清楚了，组织设计过程中要做的下一组决策将定义组织的基本结构。换句话说，我们认为哪种基本的工作分组最能构建实现战略所需的能力？这些决策实际上决定了新组织的高层领导者管理的主要工作区域。理解战略分组的各种选择以及这些可替代选择之间的利弊权衡，对于制定优秀的组织设计决策至关重要。使战略分组与战略保持一致，会使设计任务的剩余工作变得更加容易。

里程碑二：战略分组，将通过三章内容来帮助你认识第二个里程碑。

运用六个设计驱动因素

第 5 章概述了基于职能、地域、产品和客户来进行组织设计的几种经典选择。选择并结合分组的方法就能构建能力。六个设计驱动因素可以用来评估替代结构的风险和优势。六个设计驱动因素即管理层的关注、杠杆化资源和成本、协调和整合、专业化、控制和权责、学习和动机。能力是一个模糊的概念，可以将其转化为具体的发展行动。六个设计驱动因素在期望构建的能力和支持该能力构建的组织安排之间搭建了一个合理的连接桥梁。

决定最佳的分组选择

设计是一个迭代的过程，需要开发和测试各种假设。通常，各种选择看起来都是同等有效的——每种选择都会有一系列的优点和缺点。可以使用多种测试从各种选择中做出抉择，这些测试会利用在商业论证和探索阶段中获取的信息。需要考虑的因素包括变革和干预的程度、首要性（首先需要改变什么）、管理团队管理复杂性的能力、哪些改变会产生最大的积极影响、客户或员工最容易看到什么，以及同现有文化的契合度。

拥抱矩阵

矩阵结构将两种或多种经典的设计选择融合到一个单一结构中，从而同时获得它们的多重优势。在当今大多数大型跨国公司中，矩阵是不可避免的。它通常是应对复杂性的必要形式，适合执行复杂的目标。了解矩阵的三种基本形式有助于你选择一种矩阵，并对产生的结果进行预测。第一种，在矩阵三种形式中是最简单的，也是最常见的，具有整合各业务单元的功能。第二种，将前端的地域或客户单元（或两者同时），与后端的产品或职能单元（或两者同时）结合在一起。第三种，设法获得全球产品线或客户的优势，同时结合地域单元中本地响应能力的优势，通常这是高管团队管理起来最为复杂的一种类型。

里程碑三：整合

里程碑：你整合了各个部分并明确了权力关系

将工作分组到结构性的区块中会产生边界，必须打破这些边界才能使客户、合作伙伴和股东达成“完整的结果”。如果领导者要做出明智的商业决策，他们必须明确各部分之间的权力关系。协作和协调需要耗费大量的管理时间和注意力。以清晰的跨界决策权进行缜密的选择是非常重要的。

企业的运营模式会影响五个里程碑流程中的每个里程碑，尤其是里程碑三：整合。运营模式回答了以下这些问题：

- 有多少权力将被授予运营单元，而非由中心进行管理？
- 各运营单元的独立程度如何？为了发挥必要的能力，它们之间需要怎样的整合和协调？

- 支持职能在企业中扮演什么角色，以及具有多少权力和影响力？

随着组织变得更大和拥有更多维度，决策制定通常会变得更加复杂和缓慢。当需要共同承担责任时，组织也会变得厌恶风险，并可能为了私利而对决策进行局部最优化。整合设计的目标是让管理者和领导者在不牺牲速度的情况下制定更好的决策。

里程碑三：整合，将通过三章内容来帮助你设计最重要的跨边界连接点。

运营治理的设计

控股公司和单一产品公司位于运营模式连续体模型的两个极端。这个连续体模型代表了公司各单元之间需要整合的程度。大多数大型、多产品跨国公司的运营模式都不是这两种极端情况，而是介于这两者之间，它们有相关联业务的组合，而这些业务之间有着不同程度的相互依赖性、共享的基础设施及自主权。

尽管这些业务单元之间存在紧张关系是很自然的事情，但许多高管团队并没有足够的能力解决多维度组织中出现的相互竞争的各种需求。我们在罗伯特•西蒙斯（Robert Simons）的控制杠杆模型的基础上进行了改编，并实践了治理矩阵的新工具，包括使用共同信念、互动网络、边界和诊断措施来平衡矩阵中的权力关系。

矩阵中的权力分配：关于治理的案例研究

第 7 章以案例研究来说明一家公司如何成功地运用各种治理机制，在矩阵的各维度中保持平衡和转移权力。

重塑职能部门成为整合者

当企业由产品线、客户或市场及地域的某种组合进行组织设计时，职能部门会成为企业层面和运营单元之间整合机制的一种形式。典型的职能部门——财务、信息技术和人力资源，以及市场营销和供应链等业务职能部门，成为连接和经营组织的“黏合剂”。如果设计得当，这些职能部门将拥有大型企业相较于小型企业在专业知识和规模上的优势。

许多企业仍然在为运营单元和支持职能部门之间关于权力和角色清晰度的争执而挣扎苦恼，这些争执是毫无价值的。如果没有一个整合的框架来设计这些单元，就会产生关于中心化和分散化问题的冲突。一个有效的框架能使支持职能部门的设计与企业运营模式保持一致，从而确保职能部门将监管、连接、思想领导者和共享服务支持合理地结合并融入企业之中。

里程碑四：人才与领导者

里程碑：你对关键角色进行了设计和人员配置，并明确了高管团队的工作

组织和人才好比战略执行的两个互补的引擎。一个设计不佳的组织会破坏员工的辛勤努力，员工要浪费精力去克服内部的阻碍，而不是用来创造新产品或服务客户。相反，一个“精致而优雅”的组织也不能代替糟糕的领导层和缺失的能力。

里程碑四：人才与领导者，将通过两章内容来帮助你认识这一里程碑。

设计领导组织

关于确定新结构中的职位数量，以及谁向领导者汇报应该基于一定的标准，这些标准需要能够对以下问题做出回答：

- 高管想要和需要在内部和外部的哪些环节花费时间？他在什么工作中能产出最大的价值？
- 一些团队成员可能对单元外部的高管有双重汇报关系，其程度和性质是怎样的？
- 为了在组织中产生必要的影响，相关职位需要被纵向地定位在哪里？
- 相对于狭窄的管理宽度，高管是否习惯和倾向于更加宽泛的管理宽度？
- 将特定角色置于结构的顶层相比于将它们置于较低的位置，这会传达怎样的信息？

领导者在新组织中的工作被确定之前，尤其是当现任者仍然处在关键职位时，组织设计都是不完整的，也不太可能产生实质性的变革。应该结合推动组织变革的企业战略和目标来阐明高管的角色。结构具有的层级数量和管理宽度也会严重影响领导者的角色。层级过多往往会导致工作范围更窄，行动自由度更少。随着层级的减少，工作范围和权力范围应该被扩大，并注重让具有高潜力的领导者充分地参与和发挥能力。

最后，并非所有的领导小组都需要成为团队，但几乎都需要在一定基础上进行高效的互动。企业的运营治理模式决定了高管需要在业务单元之间协作的紧密程度。当所有成员对小组聚在一起的频率和目的都抱有相同的期望时，他们的协作会更具成效。

做出正确的人才选择

重新设计组织为企业打开了一扇“机会之窗”，能为企业带来更多或不同的人才。构建新能力通常需要改变人才。领导者需要具备智慧和勇气来采取行动。我们鼓励采用一种思维模式，即确保重新设计完成之时，合适的人才在合适的职位上。

由第一个里程碑构建的能力和设计标准应该反映人员配置需求。选择人才的关键是其是否具有少数几个具有针对性的技能，这些技能对结果和企业战略的达成有非常大的影响。如同对新的发展平台的投资一样，对新技能的投资不应该被平均分配，因为并非所有技能对于必须构建的能力都具有同等的影响。

我们建议客户避免“围绕人员进行设计”，因为设计决策不应该是为了弥补现有组织中的技能不足而制定的。但是，我们在进行组织设计时的确应该考虑人才，以确保配置的角色能够提供用于构建能力和培养领导者的各种丰富体验。许多公司发现其缺少一批能够胜任高管角色的全面性综合管理人才。组织设计提供了这样的机会，能够加入发展职位的设计，创造更大型、更具挑战性的职位，并在那些可以用来培养未来高级领导者的职位中建立发展路径。

里程碑五：过渡

里程碑：你在领导变革，并准备好进行衡量、学习和调整

我们已经观察到，在组织设计流程的前四个里程碑经过大量的决策制定之后，领导者和高管团队急切地想让组织重新开始运作，并看到设计过程的成果。由于他们希望重新关注企业的运营问题，因此可能失去组织设计实施的动力。结果是，设计的完整意图常常不能实现。

里程碑五：过渡，将通过两章内容介绍我们在支持组织设计实施方面所做工作的重要经验。

制订实施计划

最后一组设计决策需要领导层决定任务顺序及如何最好地筹划实施。所选择的方法会受到变革的根本原因的影响。如果企业目前运营良好，设计变革是由预期的战略改变所驱动的，那么变革就可以很好地实现。随着时间推移，企业逐步变革并发展到新的状态，而不是突然改变一切，这对于员工来说不会令人不安，让他们有时间构建新的能力，并创造从当前核心业务到新业务的增长和盈利的有序过渡。

然而，在某些情况下，企业可能需要采取“快速揭掉创可贴”的方法。如果战略选择明确，并且竞争压力使迅速推进以恢复市场份额或遏止经济损失变得至关重要，那么企业通常就需要快速推进。当外部变化已经发生，而且当前的组织设计实际上阻碍了做出正确的未来战略选择时，企业需要进行快速的重新调整。

选择正确的实施方法并创建项目计划来规划流程，确保以合理的方式构建能力并考虑相关性，对于平稳、顺利的过渡至关重要。

应对过渡时期

一旦制订了基本的过渡计划，领导层对顺利实施这一计划的承诺就成了将成

功实现目标的组织设计变革与因新能力未被完全构建而失败的组织设计变革区分开来的决定性因素。领导层对于一整年的组织设计工作投入大量的关注并积极参与，这对于一次重大的重组来说是合情合理的。

当需要采取一个重要步骤时，“引爆点”会是一个有用的工具，可以让高管团队专注于过渡过程中的关键点。这里所说的引爆点是具体的行动或决策，被组织视为非同寻常的事件正在发生的证据，它们通常会将预算、权力或决策权从一个单元转移到另一个单元。例如，全球客户的领导者在区域内所有销售角色的人员配置中会被授予否决权。引爆点是有象征意义的行动，因为它们对改变权力动态有极大的影响。由此可见，引爆点是一组重要的工具，可以帮助高管团队用来指导、说服和纠正他们实施过渡计划的方式。

第 1 章总结：五大里程碑

虽然组织设计不是完全的直线型流程，但遵循一组流程步骤是非常有用的，这些流程适用于大型和小型的设计项目。五大里程碑代表了阶段性标志，使设计师可以灵活地规划和管理流程，但同时又有一个清晰的路径图。

1. 里程碑一：商业论证和探索

- 澄清战略的优先级
- 定义变革缘由
- 制定设计标准

2. 里程碑二：战略分组

- 运用六个设计驱动因素
- 决定最佳的分组选择
- 拥抱矩阵

3. 里程碑三：整合

- 运营治理的设计
- 矩阵中的权力分配：关于治理的案例研究
- 重塑职能部门成为整合者

4．里程碑四：人才与领导者

- 设计领导组织
- 做出正确的人才选择

5．里程碑五：过渡

- 制订实施计划
- 应对过渡时期

里程碑一：商业论证和探索

里程碑：你很清楚需要解决的问题

企业领导者都偏好采取行动。当某种情况被标记为“组织设计”项目时，大多数领导者已经对此情况进行了自己的分析并规划了许多选择。当我们的客户是有所成就的领导者，他们成功地面对过许多业务和组织挑战时，我们会倾向于相信他们的直觉。他们通常能够理解问题的复杂性和深度，我们经常发现他们已经在考虑一组合理的行动选择。但是，我们常常发现领导者正走在一条解决错误问题的道路上。仅靠直觉的诊断可能是错误的。或者领导者可能对其熟悉的组织的某一部分带有偏爱或偏见；又或者领导者可能没有获取全部信息，并不清楚客户或一线员工的体验。

虽然一个人可以产生好的想法，但是一个人无法实现变革。组织设计过程几乎与决策本身一样重要。管理层团队成员必须经历与领导者相同的探索和设计过程，因为他们需要支持和实施变革。每个人都必须理解并确信存在一个需要解决的问题或一个值得追求的机会。每个人都必须探索所有的选择，并设法理解和权衡利弊。只有这样，每个人才能完全致力于变革，并带领其他人完成变革。如果组织设计项目从一开始就融入变革管理，实施速度就会加快。当组织中的员工参与理解新设计背后的“原因”和原理时，他们会更愿意支持变革。

因此，第一个里程碑是确保组织的领导层清楚需要解决的问题——他们针对变革有一个明确的商业论证，并能阐明为什么停留于现状不是一个好的选择。本书这一部分的三章讨论了实现第一个里程碑所需完成的任务：

- 澄清战略的优先级，对可以使组织从众多竞争对手中脱颖而出的因素达成共识并做出承诺。
- 运用设计驱动因素框架进行现状的评估和分析，定义变革缘由。
- 制定设计标准，用于评估所有设计选择。

第 2 章

澄清战略的优先级

组织设计既是一个自上而下，也是一个自下而上的过程。自上而下的任务始于明确企业的战略需求并选择支持战略的基本组织架构。杰·加尔布雷斯的五星模型，如图 2.1 所示，自 20 世纪 70 年代初以来就成了组织设计的黄金标准。

事实证明，五星模型是一种简单而有效的方法，可以用来指导领导者调整结构、流程，衡量标准和才能，从而支持战略的实现。五星模型背后的基本思想是，没有一种资源配置方式是绝对“正确的”。不同的战略需要不同的组织形式。即使在同一个行业中，拥有相似产品和客户群的企业也需要不同的组织，因为每个企业获取成功所需要的能力都不同。在过去的 30 年里，众多学术专家和咨询顾问都在五星模型的基础上做过改编，这也证明了它作为组织设计运用中最具影响力的模型的地位。

自下而上的视角侧重于工作和任务，并设法以有效的方式来规划业务流程。在这一方式中，角色是围绕正常的工作流程而设计的。业务流程再造、六西格玛质量项目、精益制造和重新设计工作都是合理化并精简工作、交接和批准的方法，用以确保工作得以高效完成。

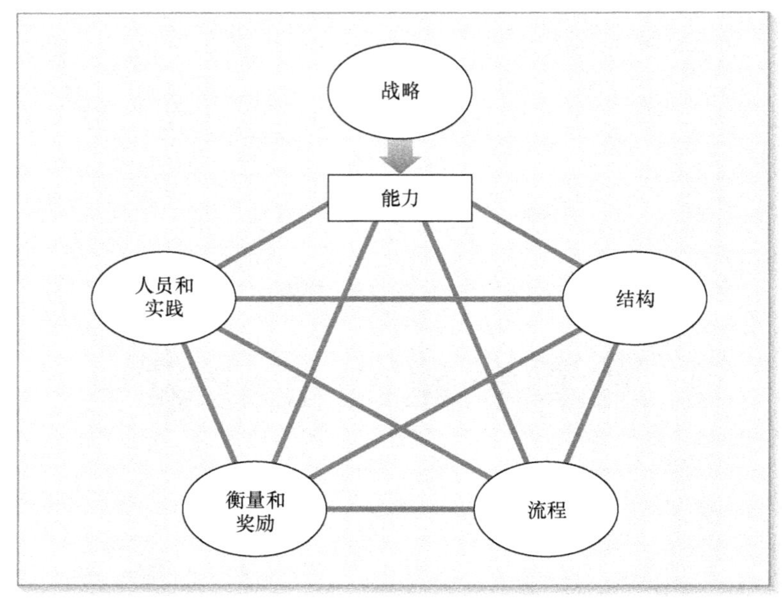

图 2.1 五星模型

有效的设计结合了自上而下和自下而上两种方式。战略视角决定了架构，设计团队和职能部门负责人利用他们对工作、客户和业务流程的深刻理解，充实了架构之下的细节。设计通常是一个迭代的过程，对战略和设计两个层面的思考将相互影响。

当今，战略和结构之间的关系比以往任何时候都更具互动性而非顺序性。如今的全球经济要求高管们更足智多谋，行动更加迅速。在这样的环境下，某些行业可能无法足够清晰地看到未来的情况，很难阐明未来三年或五年的具体发展战略。取而代之的是，通过创造更大限度的组织敏捷性来更好地促进业务绩效发展，从而对出现的机遇做出最大限度的响应。这种战略敏捷性的例子包括，限制某些被收购企业的整合，以便在必要时能够退出；最小化损益中心的数量，以便制定对于更高层级投资组合进行权衡的投资决策；培养具有国际领导才能的骨干人员，并可以根据新机遇所需，迅速地重新分配这些骨干人员。

也就是说，设计需要基于一些战略的优先级。如果没有对未来状态的展望，针对角色和工作流程所制定的设计决策很可能只能解决今天的问题。组织设计应该具有前瞻性。“重组”和“重构”往往只规定了眼前的一系列改变，就如同棋盘上目光短浅的招数。这样的改变是为了捍卫一个立场或抓住一个机会，缺少更宏观、更长期的战略远见。员工可能感觉组织在前进过程中很随意地就突然发生了改变。他们会低下头，避免完全参与到变革之中，因为他们认为突然向另一个方向的随意改变很快又会发生。

商业问题和机遇

以下是当今企业所面临的问题和机遇类型的一些例子，它们会引发对于组织设计项目的需要。

战略发生了重大变革

当想要实现一些新的成就时，企业需要变革——进入新市场，吸引新客户群，改变商业模式，或者利用新技术。

企业变得全球化。许多企业仍在努力应对日益增长的全球化所带来的影响。随着越来越依赖地域的扩张来实现发展，企业需要构建相应能力来管理全球品牌架构，开发和管理更多跨国产品，以及利用全球资产（如供应链）。

商业模式发生了转变。商业模式定义了客户、财务状况、价值主张和必要能力之间的关系。典型商业模型的示例如图 2.2 所示。

商业模式转变的一个例子是苹果公司进军零售业的决策，这需要一些新的能力，不同于其之前完全以批发为重心的战略、组织和文化。另一个例子是可口可乐和百事可乐决定将其业务驱动型的装瓶厂进行回购并整合到核心业务之中。甲骨文是进行商业模式转变的另一家公司，它决定收购太阳计算机系统公司，并将其计算机硬件能力纵向地整合到它的软件业务之中。许多科技企业，无论规模大小，都不得不将其商业模式从销售系统转向销售专业服务，IBM 可能是将这些转变做得最好的公司了。以上每个例子中，都需要构建新的能力，这就需要企业重新思考结构、流程、技能及衡量。

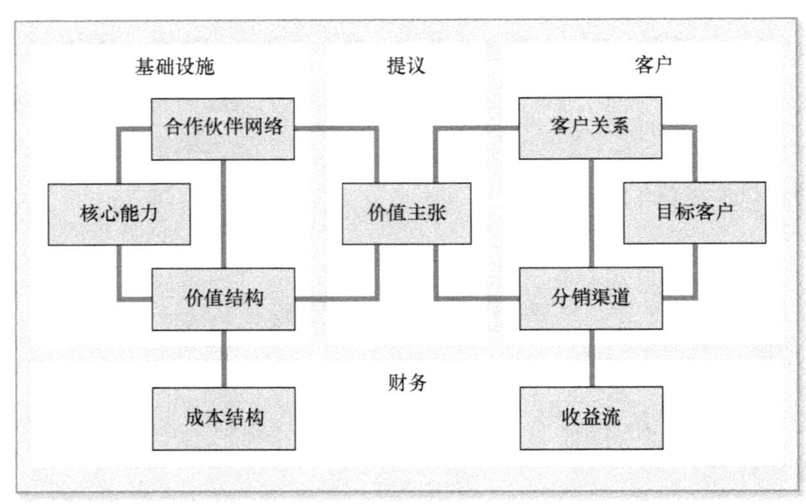

图 2.2 典型商业模式的示例

过时的组织安排导致执行差距加大

当企业有合理的战略及优秀的人才而绩效却滞后时，可能就是组织在执行方面造成了阻碍。

决策缓慢，资源分配不当，角色混淆严重。这些都是阻碍执行的常见问题。在由时间和事件所塑造而不是由明确的设计标准所塑造的结构中，这些问题症状往往会变得更加明显。它们出现在曾经适应但如今已不能很好地适应任务的组织之中，以及试图解决过多问题而变得重叠和复杂的结构之中。

公司负担不起现有资源。成本压力是大多数企业面对的现实问题。经济衰退使企业面临更多的艰难决策，愤怒的利益相关者提供的支持也不足够。越来越多的领导者似乎已经认识到了全面削减成本是目光短浅之举，挑战在于把资源重新分配到更见成效的工作上。这仍然是一项艰巨的任务，但战略资源配置的理念始于明确发展优先级，以及充分利用资源所必需的能力。

必须整合收购。收购和兼并显然是考虑重新设计组织的机会。有些企业会在交易完成时就有意进行整合。而在其他企业，常常会推迟整合。有时在经历了一系列相关收购，直到出现了产品管理差距、客户关系破裂、明显的员工过剩问题之后，对痛点有了足够的感受，企业才会进行整合。

需要回应外部环境的变化

一个企业可能有合理的战略、优秀的人才和精心设计的组织，但如果环境中的因素发生了变化，就需要做出回应。

竞争对手行动。竞争对手可能积极拓展拥有全新资源的地域市场，例如，印度的一个本地产品开发和工程中心可以在系统销售过程中和之后提供非常快速的客户支持。

监管转变。2009 年和 2010 年，美国的医疗保健供应方、支付方和制药商，以及与它们合作的许多企业，都试图对医疗保险监管环境的未来形势进行解读。它们生成了许多需要进行组织变革的替代方案。

客户实力的提高。通常，当企业的关键客户设定了新的期望时，企业就需要构建新的能力，尤其是当采用企业对企业的销售模式时。大型的全球和区域客户会要求采用全球定价、协调交货时间和特殊的库存处理方式。随着客户建立更多的内部协调关系来利用其规模，他们迫使供应商给予更高级别的管理层关注并开发新的技能组合。

结构限制了创新能力

组织设计中的一个公理是“战略决定结构”，这是密斯 • 凡德罗（Mies Van der Rohe）的现代主义建筑观“功能决定形式”的另一种变相体现。总体来说，组织应该与战略保持一致。但也有一些例子是组织能力创造了新的战略选择。目前，世界上最大的时装零售商 ZARA，将其战略的本质定义体现为供应链能力。设计、采购、分销和零售是紧密相连的，因此 ZARA 会在每一季的中期引入新的产品概念，以实时构建消费者趋势。一项基准研究显示，ZARA 只计划每一季产品供应的 30%，其余的是对市场事件的反应。

有时候，组织需要设计以创造新的对话，产生新的战略，并根据新的战略付诸行动。这种情况经常发生在那些希望从流程创新转向产品和商业模式创新的高效运营的组织中。组织无法做出战略转变的原因，是组织的配置方式阻碍了正确对话的发生。

巴格海（Baghai）、科利（Coley）和怀特（White）表明，几十年来始终保持发展的企业，是通过关注三个时间范围来实现其发展的——从短期到长期——以非常具体的方式：

- 时间范围一，扩展和保护核心业务。
- 时间范围二，开拓新兴业务。
- 时间范围三，为未来业务创造新的选择。

三个战略时间范围如图 2.3 所示。在时间范围三中，理念是要创建一条管道——不仅是新产品也是新业务的管道，并且预计旧业务会停止增长或萎缩。管理时间范围三的关键是要有真实的活动和投资，无论规模有多小，如启动研究项目、测试市场试点，以及成立启动、测试和评估各项选择的创新委员会。

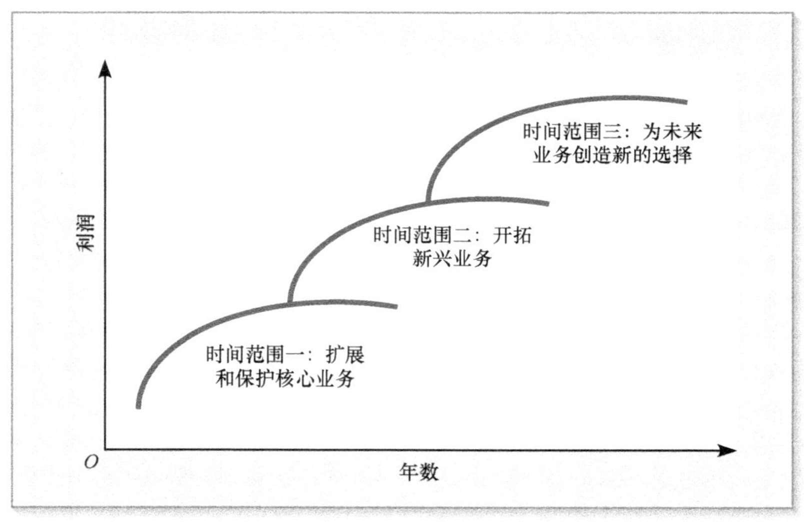

图 2.3　三个战略时间范围

组织设计可能带来多种结果。一些成长型企业创建了拥有完全自主权的新的微型企业。其他企业在学习过程中创建和调整了来自不同企业的人员网络。还有一些企业分拆出子公司，创建了一个由部分控股公司组成的网络。熟练的收购管理往往是这些情况中的一种。在所有情况下，企业不仅运用结构、流程、衡量标准和人员来开发当前的业务，还运用它们创造新兴业务的可能性。巴格海和他的同事表明，结构的改变传达了关于优先级的信息，并可以使新的选择成为可能。

因此，不断地调整资源的重点和用途，可以探索新的战略，这些战略是不会从核心业务的优化中自然出现的。

新领导者的上任

除了以上四种情况，设计变革的另一个常见触发因素是新领导者的上任。如果为了应对上述情况之一而雇用或晋升新领导者的话，进行组织设计当然是合理的。新领导者将对现状进行彻底评估并进行一些调整。但是，大多数领导者被安排在新的职位上只是正常继任过程的一部分。现任者晋升、退休或离职加入了另一家企业。这个组织从根本上是健全的。然而，这位新领导者可能会感受到两种压力，第一种压力是如何使组织看起来像他以前的部门。这样，他就重新创造了以前获取成功的条件，并创造了一个熟悉的工作环境。这可能需要改变结构、角色，甚至带来一些之前的亲信。第二种压力是如何对体现领导者的行动做出示范——给组织、同事或高级管理人员留下印象并产生影响。重新设计组织是一项高度可见又具体落地的行动，但这种形式的变革会引发全体员工的怀疑并拒绝参与。只有当令人信服的战略原因存在时，企业才应该进行组织设计。

战略画布——突出战略优先级

战略明确了机遇并设定了其中的优先级。有效的战略展示了各种可能性，但也为管理时间和注意力设定了界限和重点，并明确了该如何最佳地部署资源。组织设计决策的合理性取决于战略的清晰程度。任何参与设计过程的人员都必须理解战略及其含义，并认同该战略的实现将使组织获得成功。

战略画布是一种特别有效的工具，用来测试战略是否清晰，是否被理解和认同，以及引导出组织的含义，从而指导设计决策。我们喜欢这个工具，因为其概念很容易被理解，易于使用，并专注于构建使组织产生差异化的未来能力，而不仅仅专注于解决目前的问题。

大多数战略讨论的重点是在成熟的市场上取得成功。企业习惯于通过产品或服务的改善进行竞争，这些改善包括增加更多功能或提高性能，或者通过降低价格来从竞争对手那里赢取市场份额。钱•金和勒妮•莫博涅称之为红海，使用了在鲨鱼出没的水域因残酷的竞争而变得血腥的比喻。与之相比，蓝海则描述了尚未开发的市场空间，蕴含了新的盈利和发展机遇。虽然不是每个组织都有颠覆性的产业变革甚至创新的明确战略，但每个组织都必须在市场上将自己与竞争对手区别开来。有许多不同的方法来实现这样的差异化，例如，可以通过产品或服务的特点、质量或价位来实现，也可以通过地域范围来实现。一个组织也可以通过专注于价值链上的一个领域来实现差异化，例如，通过提供外包服务。提供完整的价值链也可以同样有效，就像许多计算机硬件公司的做法，通过收购为其提供端到端产品的软件和服务公司，使竞争对手完全没有竞争机会。表 2.1 总结了红海战略和蓝海战略之间的区别。

表 2.1　红海战略和蓝海战略之间的区别

红海战略	蓝海战略
在现有市场上竞争	创造无竞争的新市场
假设产业结构条件是不变的	改变市场边界和产业结构
对现有产品进行逐步改进	提供给客户的价值剧增
利用现有需求	创造并捕获新的需求
使活动与价值或成本保持一致	为追求差异化和低成本而调整活动
聚焦于针对当前的战略	聚焦于针对未来的战略
击败竞争对手	把竞争转变为不再相关

清楚企业是如何竞争的，以及按照什么维度竞争，这为组织决策提供了方法途径。战略画布将组织与竞争对手或同一类竞争对手进行对比。水平轴是产品元素，垂直轴是从低到高的对比衡量分值。

分值高通常意味着组织投入更多的功能和资源来实现产品的这部分元素。就价格而言，分值高代表高价格。图 2.4 显示了 21 世纪初迪士尼游轮公司与皇家加勒比游轮公司的战略画布对比。

战略画布显示，迪士尼游轮公司比皇家加勒比游轮公司收取的价格更高，提供的路线选择更少。在当时，迪士尼是唯一一家提供主题公园与游轮的集成组合产品的游轮公司。从本质上来说，游轮业务是迪士尼品牌的延伸，将迪士尼的成功法则应用于一个新的领域。迪士尼游轮公司选择不在路线的丰富程度上进行竞争，这样既节约了资源，又降低了由产品变化产生的费用。迪士尼的资源通过员工培训和独特的船上体验被投入品牌的维护上。加上迪士尼强大的品牌、重视家庭的游轮设施和有口皆碑的服务，游轮业务是迪士尼业务组合中一个虽小却很成功的部分。

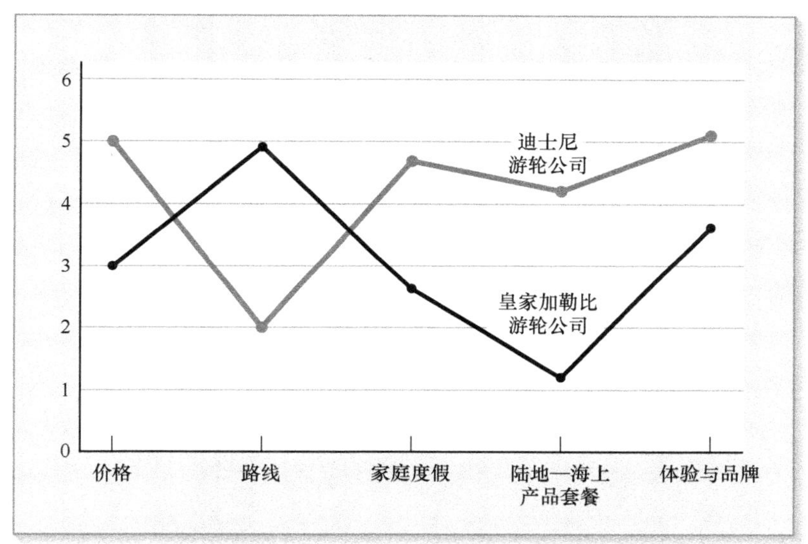

图 2.4　21 世纪初迪士尼游轮公司与皇家加勒比游轮公司的战略画布对比

然而，迪士尼游轮公司所在的业务水域很快就变成了红色。皇家加勒比游轮公司在其游轮上引入了更多适合家庭的项目以及更多的船上特色，如攀岩墙和溜冰场。2009 年，皇家加勒比游轮公司与迪士尼乐园同在奥兰多的环球影城进行合作，推出主题公园和游轮组合的套餐。虽然迪士尼品牌是独一无二的，但皇家加勒比游轮公司的这些产品改进，再加上更多的路线选择和更低的价格，使得这两家游轮公司展开了正面交锋，如图 2.5 所示。作为回应，迪士尼游轮公司很快宣布，将其船队增加一倍，并将增加欧洲和阿拉斯加的航线。

战略画布强调了已做出的战略选择。战略目标不一定是为了缩小差距，而是在竞争能力上超越竞争对手。随着迪士尼游轮公司改变战略来应对皇家加勒比游轮公司，它们的战略画布开始变得越来越相似。迪士尼游轮公司将不得不寻找降低成本（或提高利润）的方法，或者开创产品的全新维度，使皇家加勒比游轮公司在此维度上无法快速与其匹敌。

此外，战略目标并不是简单地在市场上获得最高销售收入。合理的战略会促使组织做出明确的选择，战略画布则应该指出哪些地方制定了明确的决策，以简化和控制成本结构，就像迪士尼游轮公司最初选择了单一路线的做法。这使得资源能够投资在可以产生差异化的其他能力上，如员工培训。

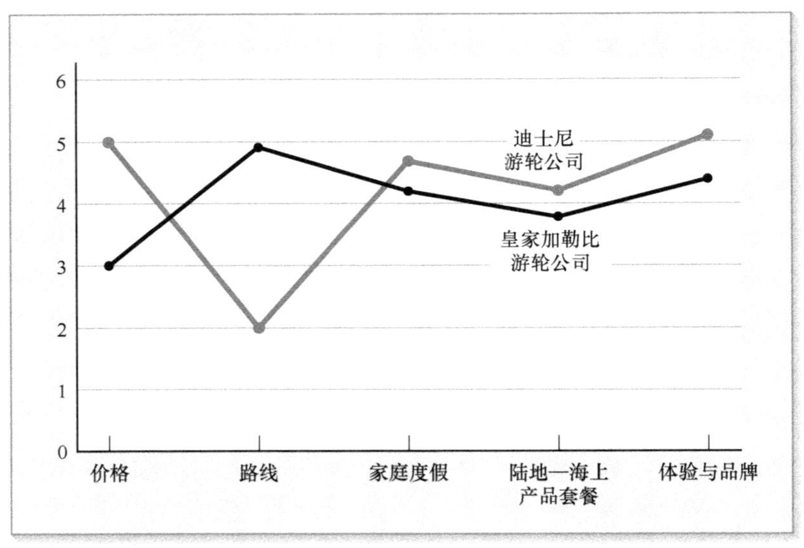

图 2.5 当前迪士尼游轮公司与皇家加勒比游轮公司的战略画布对比

战略画布工具也能快速地突出显示战略变革对组织产生的影响。通过航线的多元化——从佛罗里达海岸的单一路线扩展至世界各地的港口，迪士尼游轮公司扩展了地理维度。迪士尼游轮公司不得不在新的地方创建新的人才库，不能再仅依赖从位于佛罗里达的总部来获取人才。迪士尼游轮公司需要新的流程来远程规划、协调和管理员工，这些新流程会引入更多的复杂性。如果迪士尼游轮公司为了进军蓝海而在产品上增加创新，那么人才、研发流程及激励机制都将需要重新调整，从而使新产品开发成为可能。这会迫使公司采用更为复杂的商业模式和组织形式，并引发对投资时间、资本、人才及不进行竞争的领域进行重新选择的需要。

战略画布是一个有用的工具，可以用来突出关键的战略优先级，并帮助领导者和高管团队开始分析、思考战略选择对组织产生的影响。

第 3 章

定义变革缘由

一旦对组织的发展方向及成功地将自己与竞争对手区别开来的方式有了清晰和一致的认识之后，就可以根据战略来评估现状，并找出差距和偏差。有效的组织设计始于全面透彻的现状评估，包括对战略优先级、当前的组织文档、客户反馈及问题和机会的分析进行审视。这些数据是通过面谈和焦点小组访谈进行收集的，面谈和焦点小组访谈的对象是组织中的领导者，有时也会是组织中的员工。

评估可以由内部或外部的咨询顾问进行，或者两者结合进行。外部咨询顾问可以提出一些问题，如果这些问题由内部人员提出，可能会显得没有经验、不了解情况或者带有过多的批判性质。这对于外部人员来说是一个优势，因为他正在对组织进行学习和了解，并且可以在不做任何假设的情况下构建理解的基础。这种情况下会产生真实的深度见解（即使在分析显示所有人都知道但谁都不敢明说时）。

评估应该是平衡的，并针对已经确定的战略优先级，对当前组织所具有的优势和潜在劣势进行考虑。

为什么需要进行评估

强烈偏好行动的高管，会倾向于跳过或缩短评估这项工作。下面将研究需要进行评估的五个原因，说明可交付成果，以及我们在成功开展评估方面所学到的经验。

定义需要解决的问题

明确定义需要解决的问题是绝对必要的。未能做到这一点会导致努力白费，有时甚至会导致错误的解决方案——这通常是进行了多项组织变革而没有改变任何业务结果的原因。

在探索过程的初期，所呈现出来的问题通常会由高管进行说明。我们会认真倾听高管所说的内容，因为他们确实能够捕捉到痛点、明显的压力以及对未来的期望。但是，明智的领导者不希望内部或外部咨询顾问过快地认同所呈现的问题。

全面的评估会暴露出许多不满——其中有一些的确揭示了组织问题，另一些则是在大型企业工作时的常见抱怨。评估那些存在于更深层次的不一致性问题非常重要，但不应该对原因和结果进行假设。例如，我们的一位客户对被普遍视为有效性不够的市场营销部门感到失望。领导者已经悄悄地决定了会更换市场营销部门负责人。但是评估揭示了一些重要的问题。首先，一个割裂的、政治化的汇报结构阻碍了地区部门制定的决策与中心制定的决策之间的联系。地区部门的负责人在保密的面谈中透露，除了沟通服务，他们认为基于中心的市场营销能力没有价值，并且他们会阻止现任市场营销领导者发挥更广泛的作用。在重新设计该部门的情况下，需要解决的第一个问题是理解市场营销在企业中的角色，并使该角色获得一定程度的认同；需要让市场营销负责人正确理解其角色起着向前推进的作用，而不是急于对其有效性进行评判。

现状评估必须做到不仅将组织中的人员正在思考的内容进行报告，而且必须生成有效的问题陈述。这需要内部或外部的咨询顾问阐明基于事实的诊断观点。

有效的问题陈述应该用非常具体而简洁的语言来描述，并可提供数据支持。我们通常会准备五到七条陈述，这些陈述充分体现了需要解决问题的范围。通常，问题陈述是通过与关键高管人员进行多次对话来编制的，花费的这些时间是有价值的。附件 3.1 是一个问题陈述的示例。部门总负责人已经将最初呈现的问题定义为“我们需要将业务的前后端联系在一起，让所有人在同一个团队中；我们需要学习如何进行集成解决方案的销售和营销”。请注意分析是如何演变的。

附件 3.1　问题陈述——工业产品公司

- 客户和以中心总部为主导的产品、产品开发及市场营销之间存在严重脱节——目前客户完全由销售组织代表。
- 新产品开发被公认为是目前最大的不足能力，导致了产品开发与解决方案的视角相对，新产品缺乏动力，以及产出成果只以美国为中心。
- 产品管理遍布各个职能部门（以及地域单元），角色和流程分散且混乱（缺乏生命周期视图），客户连接性低，软件开发的产品参数定义不明确。
- 市场营销缺乏有效的角色定位和垂直市场专业化；与该领域的一致性不强，而且流程无法将客户的声音传达到产品小组。
- 销售团队的角色和技能需要从旧有产品的销售过渡到系统和解决方案的销售。当前的销售结构、销售角色定义、衡量标准和激励系统不利于更长周期的系统销售。
- 销售和服务（前端）的组织模式和绩效因地区不同（以及地区内部的不同）而差异很大，这与垂直市场专业化、关键客户覆盖，以及销售和服务管理之间的联系有关。

在以上这个示例中存在一种倾向，部门总负责人会批判区域销售和服务组织，并低估以区域视角看到的中心总部所存在的问题。一旦评估完成，部门总负责人将能非常客观地进行问题分析，并客观地开展工作，以企业作为一个整体来制定全面的解决方案。

正如我们所看到的，变革的缘由可以是对差距、新机遇的回应，或者对外部环境的预期变化。针对其中任何一种情形，都可以编写有效的问题陈述。

问题陈述能使接下来的设计步骤聚焦。当设计团队迷失方向时（这种情况时有发生），他们可以通过思考“我们试图解决什么问题”，来重新设定他们的工作流程。

浮现优秀的想法

组织评估不仅明确了问题陈述，还能使各种想法和机会浮现出来。组织中各层级的人员都有关于哪些地方可以改进、哪些地方错失了机会的想法。通常，那些最接近客户的、在等级体系中处于较低职位的人员，会直接感受到由组织障碍导致的摩擦，而职位较高的管理人员不会感受到这些摩擦。评估应该被用来揭示这些以前可能没有任何讨论机会来表达的潜在想法。通过面谈，一些重要想法的雏形往往会产生，并在日后得以逐步发展。有时候，会出现一些看似显而易见的解决方案，组织中的许多人员反复讨论了它们几个月时间。这些解决方案不应该被拒绝或接受，而应该被客观地加以探索。在之后的过程中，它们可能会被视为假设。

识别不同视角的阻力和差异

开展评估不仅可以确定内容方面需要解决的问题，还可以确定参与的最佳行动方案。经验丰富的组织效率专业人士知道，评估是变革管理战略的一个重要的早期要素。在对领导团队的采访中你可能会发现，并不是每个人都认同了这些问题或其原因。某些群体也许会更抗拒变革，可能是因为他们过去曾是被裁员的目标，或者认为自己在任何变革中都会失败，也可能是因为领导者的风格，或者是因为他们创建了一种被孤立的局部文化。识别这些群体有助于规划设计流程的其余部分，包括参与和沟通计划。

让那些可能抗拒变革的人员参与进来是很重要的。我们支持过许多设计方案，这些方案中都在新的问题陈述中清楚地表明一个或多个群体在未来可能会失去大量的权力或资源，最好尽早让这些部门以及其中关键的有影响力的人员参与到设计过程之中。

创建共同认知

员工可能会和一些同事或管理者谈论他们所关心的有关组织的事情或他们的想法，但很少有组织创建一种机制来识别集体观点。员工意见和敬业度调查往往侧重于工作满意度或创建管理者绩效。这些调查的目的并不在于找到组织的问题。在组织设计变革的关键时刻进行评估的价值在于，它创造了一种方式，让每位成员都能对其他人所关心的事情或其他人的想法产生觉察。当然，与不同的受众分享不同程度的评估结果细节，使他们接收到这些信息，这会让他们成为集体的一部分。他们就不再怀疑是否只有他们遭遇过这个问题，他们会感到自己被倾听和认可，看到自己的意见被纳入了决策制定的过程。一旦以书面的形式反馈给组织，这些问题就不再如此神秘，也不再如此严重。有了共同的认知后，人们会开始期待解决问题。如果没有这一点，现状问题将在整个组织设计过程中继续显露出来，而且各个层级的员工都觉得确保他们的想法被听到是有必要的。

启动变革管理流程

许多领导者倾向于使组织设计项目保持小规模并可受控制。他们担心的是，如果将规模扩大至内部小圈子之外会导致人员出现不确定性、焦虑，以及对实现当前计划开始分心。但是，组织中藏不住秘密，不管内部圈子的规模保持得多小，传言很快就会开始散播。

在项目的一开始就可将评估用于启动变革管理流程。除了获取信息，评估还应该用来教导员工，为什么要进行一个生成和评估替代方案的周密过程。参与评估的人员——无论是通过面谈、焦点小组访谈还是调查——都应该告知他们背景信息，了解为什么要进行评估、会问什么问题，以及收集的数据会用来做什么。应该鼓励他们事先与同事探讨，这样他们的意见不仅仅是个人观点，而是代表他们的职能部门或区域。如果领导者对项目和决策制定过程中的目标和步骤持开放和透明的态度，并且员工知道他们的观点会通过一定的方式被听取和采纳，那么不利的传言就会减少，分心的事情也会最少。

应该由谁参与

评估的参与者应该基于组织设计的问题和范围进行选择。评估应该参考战略目标、财务和绩效数据以及客户反馈。面谈、焦点小组访谈和调查都可以用来收集员工、合作伙伴或内部客户的意见。我们通常会同领导者、其直接下属、其关键的同事，以及在其之下一级或多级并担任关键角色的管理者进行一对一的面谈，有时也会访谈客户和领导者的上一级或董事会成员。焦点小组访谈的形式可以用于中层管理者及员工的抽样样本，以获取企业中代表性的信息。

没有一个固定的比例来确定一个样本是好是坏。抽样的目标是行动研究，而不是纯粹的研究，我们需要谨慎地分层，以避免参与者品类明显不均衡。

如果组织设计的触发原因是绩效问题（战略是合理的，但组织本身成了阻碍），我们会倾向于与范围较大的样本进行讨论。在这种情况下，项目是关于对现状进行重新调整。为了找到根本原因，我们需要确认是什么造成了阻碍。如果可能发生的变革会遇到政治阻力，我们也会扩大参与范围，让相关人员尽早参与进来。

如果组织设计的触发原因是战略的改变，组织需要更大的转变和构建新的能力，那么我们会从范围较小的样本中获取我们需要的信息。组织中职位较低的员工仍然需要接受有关变革的教导并参与到变革过程中。他们可能很清楚目前组织中存在的问题。但是，如果新的战略使目前的组织变得无关紧要，那么他们可能就不能提供很多关于未来的成功需要构建什么能力的见解了。

数据分析——六个设计驱动因素

评估的第一个用途是深入了解现状，并了解现状与预期的未来状态之间的差距。第二个用途是激发新的设计选择。设计驱动因素的框架是我们以沃尔特·马勒的早期著作为基础改编而来的，它是分析评估数据的一种有效方式。它能够：

（1）阐明执行业务计划所需的未来能力；（2）识别当前组织设计的优势和劣势；（3）识别可替代的设计方案。

进行组织设计时要在各种选择的优劣势间做出权衡。例如，组织从职能结构中获得专业化优势的同时，可能在职能筒仓效应方面会出现问题，这可能给创建综合的客户解决方案带来困难。这些设计驱动因素有助于澄清当前结构中存在的利弊，以及未来的结构选择中可能存在的利弊。

如图 3.1 所示，六个设计驱动因素代表了具体的设计选择可能给组织带来的优势。它们分布于两两反向的范围轴上，显示了存在于任何组织中的内在固有利弊权衡。每个因素都在下文中进行了说明。它们所显示的对立关系只是趋势，在具体的情况下，动态不一定是完全按照模型所示的方式存在的。在设计过程中，不可能同时实现所有潜在的优势，必须确定其中的优先级。

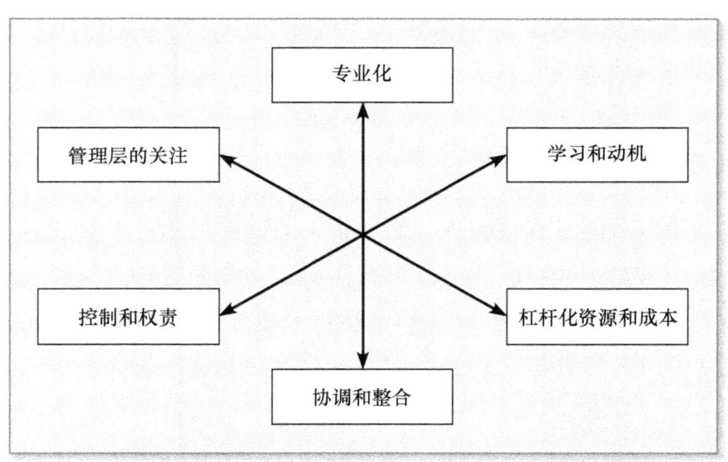

图 3.1　六个设计驱动因素

管理层的关注

管理层的关注这一设计驱动因素采用结构元素的形式，迫使管理层将时间和关注集中于关键且紧急的事项上。例如，在层级制度中提升组织角色，以使其在高管席位上有更大的发言权。在设法提高产品可靠性的企业中，“质量保证”就是一种常见的情况。如果不对未来增长活动给予关注，那么很可能会在核心业务的工作中遗失它们。为了使领导团队了解业务并构建新的能力，可以将某个单元与核心部分分离。例如，负责中国的管理者可以作为负责欧洲区域的总负责人同事的身份加入高管团队，尽管该国目前的营收与欧洲地区相比仍相形见绌。另一种常见的情况是，新产品开发的孵化器在决策制定过程中被赋予与核心产品线同等的组织“权重”。管理层的关注也可能以职能权威的形式出现，如成为战略市场营销或供应链管理者，这些管理过程过去是薄弱的或缺失的。

单独找出一个单元并将其进行提升，这通常是解决组织问题最显著的方法。这种方法之所以受欢迎，是因为它是一项快速且具体落地的行动。高管被雇用或晋升，并被赋予明确的角色和一系列权责。过度使用这一驱动因素的危险是，组织可能变得支离破碎，领导者的直接下属团队最终可能变得庞大且难以控制。担任这些职务的高管通常认为，自己在结果的达成上只对领导者负责，这破坏了整个领导团队的团队协作。此外，这种解决方法的成本可能会很高。每个被提升的单元都增加了基础设施，如财务、人力资源和信息技术支持，导致了支出的增加。

杠杆化资源和成本

杠杆作用被用来创造规模经济，通过集中类似的活动可以实现效率最大化。除非该组织是一家真正的控股公司，不存在将运营单元进行连接的战略原因，否则几乎所有企业的运营单元总会存在共有的工作，如工资处理、采购或广告宣传。通过将这些工作合并在一起并以标准化的方式开展，企业能够与供应商协商更有利的合作方式。此外，由于变化会增加成本，因此稳定一致的流程管理会使成本更低。例如，许多企业选择集中产品开发资源，从而向市场投放数量更少但金额更大的项目。整合产品创造可以作为对全球化的一种回应。在许多情况下，地域单元继续专门为当地市场开发产品，这样的做法既没有效果也没有效率。

通过整合来释放资源是一种流行的策略。可以通过内部共享服务中心的形式发挥杠杆作用，也可以将工作完全外包。杠杆这一概念通常与集中化密不可分。但是，如果设计驱动因素利用资源来降低成本，或者集中稀缺的专业知识，这并不意味着必须在企业层面将资源进行集中。例如，可以由一个运营单元代表其他运营单元进行销售培训。或者可以在区域范围内管理该项工作。另一种选择是让各运营单元都进行该工作，但同意使用共同的流程、平台和系统，以便能够协调与供应商的谈判，或者根据数量在各个单元间进行工作的转移。信息技术组织通常通过分散在全球的应用程序开发团队来实现这一点。

协调和整合

协调和整合这一驱动因素为组织提供了跨边界的能力。当各职能部门必须作为一个整体来构建品牌或满足具有挑战性的客户需求时，这一设计驱动因素至关重要。所有结构都需要某种形式的整合，但有些结构必须以整合作为首要的驱动因素进行专门设计。协调和整合采用的方法通常是使一个特定的角色负责一个单元的整体结果，而且是端到端的，并跨越各业务和地域单元。这些单元为组织横向制定决策提供了另一个维度。这些特定的角色包括产品管理角色、全球品类团队，以及客户或品牌经理。协调和整合角色是连接组织各个不同部门的重要方式。

然而，要想取得成功，连接运营单元的整合角色必须由可信度高、影响力大、技能强且高级管理人员支持的人员来担任。否则，运营单元的工作日程和优先事项可能会主导决策的制定。

协调和整合的其他方法是通过流程、衡量标准和汇报关系来实现的。例如，业务流程结果的共同衡量标准可以使各单元的优先事项保持一致。例如，当每个人都与客户满意度的衡量存在利害关系时，对客户满意度有影响的单元可能会更努力通过协作来改进完成工作的方式。矩阵汇报、集中办公和允许访问公共数据集的公共信息系统也都可以促进整合。

专业化

专业化通过专业知识或职能活动，使角色或群体产生差异化，或者将角色或群体区别开来。当业务规划需要特定领域的真正深度的专业知识时，就需要考虑专业化这一驱动因素了，如在基于技术或科学的行业之中。

随着组织的发展，其可以从规模中获益。发挥杠杆作用的目标是降低成本。而对于专业化，规模为组织带来了提高技术水平的可能性。例如，一家小公司可能只能招募几名全科律师。随着公司的发展，它可以聘请专家。专业知识中心经常被用来将专家召集在一起，如为多条产品线服务的中心研发职能部门或人力资源部门的高管薪酬团队。专业知识中心帮助公司培养专业技能。它们的竞争对手通常是外部专业公司。专业知识中心需要将它们的技能与对组织和关系的深刻认知结合起来，以证明它们所产生的成本是值得的。专家小组的挑战是保持他们与业务单元的连接——不仅是内部客户，也包括外部客户和消费者。专业知识中心可能有时会注重员工在专业上感兴趣并令他们感到满足的工作，而不是注重对业务单元重要的工作，这是一种风险。

控制和权责

控制和权责这一驱动因素创建了一个单一的权责点，并将权力集中在一个特定的问题上。例如，负责产品线的高管拥有损益权责，或者负责区域事务的管理者对于地方政府关系有责任意识。当然，包含权责的设计对于任何角色都是必需的，但其中也存在一些权衡。

简单是实现控制和权责最大化的经验法则。只要有意义，无论何时人们都应该追求简单，但如今的战略都更为复杂，外部商业环境也是如此。有时，如果不放弃关键机会，则很难获得简单的解决方案。

日本丰田汽车公司（以下简称“丰田”）对于 2010 年召回危机的应对反映了一些组织问题，其中最主要的原因是对于美国运营的控制线模糊不清。在丰田向美国扩张的大部分时间里，该公司位于加利福尼亚州的销售部门和位于肯塔基州的制造部门相互独立地向日本汇报。没有一名负责美国事务的区域高管人员，日本的管理层和美国的各部门之间就没有连接桥梁，并且公司发现很难以一致的声音来对该危机做出回应。

对权责和其他驱动因素的优势做出平衡的关键是，澄清哪些结果对控制最为关键，以及它们在多大程度上可以被分离到特定的职位上。举例来说，损益可以被解析为利润率和贡献的比较，设计的角色可以赋予这些组成部分明确的责任意识。必须注意，确保独立的工作的目标要保持一致，以确保整体结果得以实现。

学习和动机

最后一个驱动因素学习和动机为领导者发展提供了机会，并赋予团队权力以高的自由度进行运作。尽管人们非常谨慎，避免围绕人员进行设计，以及仅仅为了迎合个人利益来塑造角色，但人们也坚定地认为，组织可以并且应该为合适的人才创造发展机会。职责范围小的职位承担的风险也小。职责范围大的职位能够提供挑战，让公司能够吸引和留住高水平的人才。一些公司调整区域总经理的任务规模和复杂性，从而能够通过横向流动来为其提供发展机会。

组织经过设计可以激励和发展人。对于那些拥有专业技能的人员来说，前文讲述的专业化将这一作用发挥得很好：他们建立了超越公司范围的专业身份和信誉度。动机有多种形式，通常对于技术和研究人员来说，自主性、最先进的设备和设施，以及富有挑战性的工作会调动他们的积极性。对于总经理来说，对预算、决策制定、营收规模和战略范围进行调整都是很有激励作用的。所有组织的设计应该考虑学习和动机这一驱动因素。但是，这里同样存在利弊权衡，通常是在控制和权责或成本方面。授予产品部门的自主权通常会导致某一特定部门内部的高度整合，但很可能会在公司层面产生割裂的结果，这对公司整体业绩的实现非常不利。

表 3.1 对六个设计驱动因素进行了总结。

表 3.1　六个设计驱动因素的总结

管理层的关注	• 迫使人们关注关键紧急的事项 • 在层级制度中提升一个组织的组成部分的层级 • 示例：新兴市场的主管、新产品开发的孵化器、新流程的职能权威
杠杆化资源和成本	• 通过集中类似的活动来创造规模经济（用于成本管理和提高效率） • 包括中心化和受中心主导的组织活动 • 包括扁平和精简的结构 • 示例：共享服务中心
协调和整合	• 将各部分整合起来，形成一个“整体”的结果，端对端 • 可以通过结构化和非结构化的解决方案实现，通常基于流程

续表

协调和整合	• 允许组织从另一维度进行横向决策制定 • 示例：产品管理团队、全球品类团队、品牌管理委员会
专业化	• 通过专业知识或职能活动将角色或群体区别开来 • 确保技术的卓越性——专业知识中心 • 示例：为多条产品线服务的中心研发职能部门
控制和权责	• 通常是由简单清晰的汇报机制产生的结果 • 对问题点进行提升或中心化，以确保其得到控制 • 示例：向最高主管汇报的质量部门，由总经理负责的产品部门
学习和动机	• 在相对较小的范围内提供较高的权限和权责，允许冒险 • 提供各种多元化挑战，包括国际环境所产生的影响 • 示例：为培养未来的总经理而创建的小型损益单元；轮换任务分配、项目角色

在评估中应用设计驱动因素

对于每个设计驱动因素，人们使用评估结果来思考，“目前这一设计驱动因素的优势在哪里”“它在哪里可能被过度运用了”，以及“有机会在哪里更多地运用这一设计驱动因素”。设计驱动因素也可用作一个分析框架，对设计工作下一阶段的各种选项和选择具有指导作用。

显然，这些设计驱动因素有时会重叠，不需要将它们视为完全独立的概念。内部和外部咨询顾问应该有技巧地将它们作为诊断过滤器。它们特别有助于与直线主管开展评估讨论，因为它们为针对当前组织设计中哪些运作良好、哪些存在问题的对话提供了结构和规范，并激发对可能性的思考。表 3.2 是一个高水平分析的示例，运用六个设计驱动因素来评估全球产品供应（Global Product Supply，GPS）组织的现状。

表 3.2 运用六个设计驱动因素进行现状评估的示例

设计驱动因素	优 势	劣 势
管理层的关注	• 区域产品供应总监的角色为集团总裁创建了一个联系点，负责所有的供应问题	• 在 GPS 组织中，产品质量没有被提升到足够高的水平——在工厂层级上没有领导层 • 对制造和其他部分的整体战略缺乏关注
杠杆化资源和成本	• 通过商品采购委员会取得了一些早期的胜利	• 分散化的工厂所有权导致基础设施成本的提高和产能利用率的降低 • 许多工厂的工程资源是孤立的，导致优先级的分配不当
协调和整合	• 区域 GPS 总监的角色提供产品和商业单元之间的整合	• 分散化的工厂所有权会阻碍共同的标准、实践、流程的形成 • 与商业单元的整合可能过于依赖当前的区域 GPS 总监的角色，他们可能会成为瓶颈
专业化	• 最近采购在关键材料平台的卓越建设方面取得了良好的进展 • 当地工厂能够对当地的业务需求迅速、积极地做出反应	• 在基础设施方面，GPS 组织中有太多的全面通才，无法解决商业问题 • 在工程支持方面存在严重不足，特别是对于新产品；资源分配不当 • 似乎缺乏战略采购的专业知识
控制和权责	• 发展中国家市场的总经理继续认为他们直接控制着当地的工厂和分销中心 • 对于质量的高度地方所有权要进行汇报	• 子公司损益单元仍然对工厂绩效负责，从而导致有冲突的优先事项产生，阻碍了绩效进一步优化 • 在质量结果方面，质量部门和 GPS 组织之间存在一些角色混淆
学习和动机	• 从工厂经理到子公司运营总监，再到平台 GPS 总监的职业发展阶梯提供了合理的职业发展过程 • 对工厂的地方所有权是一种激励——人员会具有主人翁意识	• 鉴于当前的治理模式，很难对所有地区输出所有专业方面的学习，包括质量 • 个别工厂显得有些孤立并有内倾的制造观念

第 4 章

制定设计标准

能力是组织设计中的一个基本概念。能力将战略和战略对于组织的要求联系了起来。能力是竞争优势的来源。能力是通过深思熟虑的结构、流程、人才和激励系统所有这些元素而构建的，这是一个组织所特有的，其他组织很难轻易复制。能力作为设计标准，被用来评估设计选择。

任何一家公司都很难去构建过多的能力。因此，不仅要考虑解决目前的问题，还要构建在未来 2～3 年甚至更长时间内都关键且重要的能力，这样的做法才是明智的。构建的这些能力好比“组织的肌肉”。在一些公司，能力是战略过程的一种延伸。因为它们具有前瞻性，专注于创造新事物，所以作为设计标准，它们非常有活力，并且有助于避免短期的、注重解决问题的方式。

每个组织都有自身必须具备的能力清单。以下是一些大公司通常都会寻求的能力：

- 打造品牌。
- 为全球客户提供综合解决方案。
- 在新兴市场建立深度和广泛的分销渠道。
- 创建全球品类。

- 更快地开发新产品。
- 管理战略联盟和伙伴关系。

是什么使这些能力成为竞争优势来源？（1）它们使战略的执行成为可能；（2）它们很难被复制。一位管理着一家大型消费品公司国际部门的集团总裁，他最近对于这一点是这样描述的：

我们想要开展的关键任务是在新兴市场建立竞争优势，但是其他人也有同样的想法。这些市场的竞争非常激烈。因此，我们必须做三件事：（1）提供专为新兴市场的独特需求而设计的产品，而不是以消费者不愿承担的价格强行推广那些适合发达市场的产品；（2）同时在传统贸易渠道和现代贸易渠道中广泛而快速地供应产品，这给供应链带来了切实的压力（在印度，我们有 700 万个零售商店）；（3）以最低的交付成本深入当地渠道。在印度有 600 个与我们竞争的本土品牌。他们不需要担心我们所关注的可持续性问题，而且他们几乎没有基础设施成本。

这是一个非常有说服力的案例，这位总裁认真思考了要在新兴市场上取得成功所必需构建的独特能力。

敏　　捷

我们已经讨论了敏捷在一些公司中的优势。随着组织发展得越来越大，组织在决策制定的过程中往往会变得趋于缓慢和保守。敏捷是许多大型成熟公司通用的一项能力。

组织敏捷一般可分为两类。资产组合敏捷是指将资源从稳定或衰退的领域转移到有发展潜力的产品、市场或单元的能力。运营敏捷是指快速发现增加收入或降低成本的机会的能力。

为了实现资产组合敏捷或运营敏捷，组织的选择会非常不同。五星模型可以用来突出各种安排的不同，这些安排可以驱动这两种不同的敏捷。为了提高资产组合敏捷，组织设计会更倾向于中心化，有健全的资产组合管理流程，并注重投资回报率的衡量。寻求运营敏捷的公司会更倾向于在更为分散化的结构和治理中运营，专注于创新、供应链和客户管理等核心业务流程，并使用衡量标准来密切跟踪运营和客户的趋势（见表 4.1）。

表 4.1　资产组合敏捷与运营敏捷下“五星模型”各要素的设计特点的比较

	资产组合敏捷	运营敏捷
结构	中心权力促进资源和投资的流动	将权力分配给业务单元，以确保对市场和运营机会的灵活响应
流程	强调跨业务单元的资产组合管理；对所有业务的可见度高	强调创新、供应链、客户管理及其他核心业务流程
衡量标准	很清楚，高层管理的优先事项很少；注重投资回报率以指导投资决策；对生命周期深入了解	强大的客户和市场数据，健全的收入和盈利数据，精益和黑带标准
人员	共同的人才识别和晋升流程，促进跨边界的人员流动	跨业务和跨职能的体验，外部人才，接触新的想法，领导者的风险意识更高

外部基准标杆

基准标杆在设计工作中很有价值，但是应该谨慎运用。同一行业中的其他公司经常被同样的问题困扰，不一定都解决了这些问题。竞争对手的成功不一定就代表了这是最佳实践做法，因为这只是在一家公司内实现了成功，这家公司可能处于不同的生命周期阶段，并通过不同的能力进行竞争。不过，分析其他公司和它们所做的选择可以激发可能性，可以学习一些经验。为了拓展设计团队的思路，通常有必要把眼光放到行业之外，寻找已经构建了相似能力的成功公司案例。

例如，一些组织希望能够更快地将新产品推向市场。不管属于哪个行业，都值得学习总部位于英国的利洁时集团（以下简称“利洁时”）是如何管理新产品开发流程的，其为 Lysol、Airwick 和 Clearasil 品牌产品的生产商。尽管它与宝洁和联合利华相比还有差距，但是利洁时在开发新产品功能和交付机制方面做得非常成功。其创新产品包括家用肥皂、空气清新剂和用于分配止咳药片的管子。利洁时已经掌握了开放研发的能力，公司使用 IdeaLink 网站来发布所遇到的问题，外部科学家和技术人员可以对这些问题做出回应。因此，在 2000 年，其 35%～40%的销售额来源于过去三年所引入的创新。

如何将能力制定为设计标准

如果没有一套标准来判断未来的设计选择，就不能进展到组织设计流程的下一个里程碑。一旦明确了组织战略并评估了当前的组织，那么是时候为未来的设计制定标准了。清晰阐述的组织能力——具体定义了组织必须做好哪些方面来执行其规划——这通常就是一套有效的设计标准。

这一步没有公式化的简单做法。通常，我们使用组织战略重点和评估的问题陈述来初步拟定一个未来能力的列表。高级领导者将对列表进行审核，对草案逐次修改过后产出一套明确的设计标准。关键是要确保一系列的设计选择可以根据标准进行测试。这些标准必须足够具体，能够在设计选择中被观察到，并且它们必须足够全面，能代表组织战略和组织需求。为了把能力作为设计标准，这些能力必须针对特定的组织需求。此外，它们应该是可衡量的，因为它们将成为衡量实施进展的主要指标。表 4.2 是一个示例，呈现了一家开发和销售业务优化软件的全球公司是如何将通用的能力表述为具体设计标准的。

表 4.2　将通用的能力表述为具体设计标准

通用的能力	具体设计标准
卓越的全球市场营销	在信息系统市场中，专注于客户、以中心为主导的市场营销（具有区域影响力），并注重聆听客户的声音
产品管理有效性	对不同的解决方案组合进行有效的生命周期管理，这些解决方案组合满足不同的客户需求并能产生利润
开发新的综合解决方案	新产品开发过程中的上市速度和客户关注点，包括扩大软件开发和支持的规模
团队销售综合解决方案	在产品、财务和技术的深度支持下，向高级管理层销售系统解决方案

续表

通用的能力	具体设计标准
专业服务的交付和支持	提供有竞争力和有利润的服务，作为综合解决方案的一部分
关键客户和全球客户的管理	针对关键客户和全球客户，具有明确的销售责任意识和统一的技能

如示例中的那些设计标准一样，将一套标准分离出来的过程中，评估起着关键的作用。能力是一个模糊的概念。只要给出一个具体的战略，很容易就能头脑风暴出一长串与之相关的能力。像“灵活的供应链”这样的能力描述在被用作组织设计标准之前，就可能需要对其进行测试。诊断评估工作有助于对列出的能力清单进行筛减，并使这些标准更为具体。

在评估访谈中，往往都会把精力集中在问题上。然而，发生的重要事件，如客户的丢失、产品发布失败及运营单元之间的内部竞争，也可能非常具有启发性。我们已经介绍了六个设计驱动因素是如何对原始数据进行系统全面的解读的，并理解了其中的利弊权衡。我们可以在评估过程中询问：“什么对战略执行更重要？是更快的响应时间（通过地方层级的综合业务单元来实现），还是更大的杠杆作用（通过和职能更为相关的方法来实现）？”

一系列评估访谈会产生大量的“负面”信息，即便运用了最为客观公正的提问方式。将各主题归结为最关键的问题的过程本身就是一项校准工作。为了实现战略，最需要解决其中哪些问题？通过询问“如果这个问题得到解决，我们会看到发生了什么”，我们可以将一些关键的问题陈述转化成未来导向的正面陈述，这些陈述可以被用作设计标准。

我们举一个例子。一个问题陈述表明了新产品开发团队和供应链组织之间的连接性不够好，相比其他所有可以改善的机会点，就其对业务的重要性而言，这一问题必须得到高度重视。根据六个设计驱动因素，与中心化的供应链组织产生的杠杆作用相比，将供应链资源与产品团队进行整合的关键程度如何？这些实际问题很快将我们从概念世界中拉回现实。斟酌权衡好比化学的滴定实验，需要将管理重点集中在最关键的方面。但是，为了让这个过程专注于未来，将权衡的斟酌与战略和能力联系起来是很重要的，而不是只考虑一些紧急的节点。在给出的例子中，我们可能会决定做一些效率上的平衡，来将供应链决策的快速制定与新产品的商业化流程联系起来。通过这样做，我们创建了一个设计标准，可以将其总结为“产品采购与新产品的商业化流程的紧密联系”。这比仅仅是“灵活的供应链”的描述要具体得多，从设计的角度来看也会有效得多。如何实现这一标准仍是一个问题。它可能需要结构上的调整，或者可能需要通过一个流程或其他的整合机制来实现，但这并不是我们目前所关注的问题。

设计标准的具体程度取决于进行设计的组织级别。在一个系统的全局设计中，一组广泛的能力可以指导组织设计。下一步，在业务单元以及职能部门内的设计，设计标准将变得更为具体，并且可能反映评估过程中所揭示的具体问题。

一套清晰的设计标准，使得在现阶段开始对设计选择做出识别成为可能。这些标准将用于战略分组阶段，评估高层级结构的可替代选择，之后它们将被用于整合阶段，寻求将这些结构分组重新连接在一起的方法。随着领导者对任务的了解越来越深入，通常这些标准在设计工作的后期阶段会被调整，但是在整个设计过程中，如果没有符合这些标准，一定要引起足够的重视。最终，团队应该根据这些标准来判断其工作的有效性。

里程碑一总结：商业论证和探索

第 2 章：澄清战略的优先级

- 组织设计应该从自上而下的视角开始，这一视角基于组织战略的要求。然后可以再按照自下而上的视角进行，这一视角考虑了工作设计和业务流程的变化，这些变化应该在适当的时候与自上而下的视角相结合。
- 战略规划中的关键点和优先事项为主要的设计决策提供了基础。
- 组织设计人员应该了解在哪些情形下设计变革会是一个有效的解决方案。这些情形包括：
  - — 战略的改变
  - — 执行存在差距
  - — 外部环境的变化
  - — 需要与新的参与者进行新的对话，以寻求发展机遇
  - — 领导层的变动（有时）

为了给组织决策奠定基础，运用一种或多种战略模型是有用的，这有助于明确组织选择如何在市场中进行竞争。

专注于组织设计的对话和诊断思维可以帮助领导团队围绕战略达成一致。

第 3 章：定义变革缘由

- 明确需要解决的问题是至关重要的。缺乏清晰的问题陈述会导致范围蔓延、进展推迟以及设计决策糟糕。
- 评估是识别当前组织设置中的优势和劣势的过程。应收集数据并进行有效、可靠的诊断，从而：
  - — 有效地定义问题
  - — 浮现对于未来设计的优秀想法
  - — 识别不同视角的阻力和差异
  - — 创建对问题的共同认知
  - — 启动变革管理流程

- 有目的地选择谁将参与评估，注意问题的范围和性质。早期参与的广泛基础通常有利于之后的变革过程。
- 六个设计驱动因素就像一个镜头，用来检验评估数据并解读结果。六个设计驱动因素是：
  - — 管理层的关注
  - — 杠杆化资源和成本
  - — 协调和整合
  - — 专业化
  - — 控制和权责
  - — 学习和动机

第 4 章：制定设计标准

- 设计标准应该基于业务规划和评估结果来制定。设计标准作为评估方法，用来评估可能采用的设计选择。
- 组织能力是重要且有效的设计标准。它们清楚地说明了组织必须在哪些方面非常有效地运作才能执行其战略。
- 被选择作为设计标准的一组能力需要被精心编制成一个相对较短的清单，清单上的项目要非常具体，它们共同代表了对于组织最为关键的能力。

里程碑二：战略分组

里程碑：你选择了一个支持战略的基本结构

早在几十年前，彼得·德鲁克（Peter Drucker）就向高管们提出了挑战，要求他们思考组织的“构建砖块和基础材料”。在此隐喻的基础上进行延伸，他鼓励领导者明确结构的“主要承重单元”（组织中关键的业务单元）。战略分组就是明确这些基本组织单元的任务，这些单元确立了组织的核心权力及决策关系。在明确了清晰的商业论证后，战略分组是设计过程中制定的第一组决策。

结构的改变常常被等同于组织架构图中汇报关系的简单变动。组织设计人员理应很快地认识到，仅仅关注结构和汇报关系并不能给出一个完整的组织视图。不过，忽视结构对组织有效性的影响也是一个同样严重的错误。

我们喜欢用战略分组这个术语来描述第一组设计选择。这一术语强调了任务自上而下和由战略主导的性质。结构的选择是战略分组决策的一部分，但不是全部。在战略分组中，我们试图理解如何将工作、权力和权限进行分组，从而构建特定的能力。我们会在本部分：

- 评审设计的构建要素——基本结构，代表了如何设置组织的主要逻辑——并应用设计驱动因素的框架，将其作为一种方法，用来分析构建特定能力的各种选择。
- 针对具体的组织情况提出框架，用来决定最佳的战略分组选择。
- 考虑如何对矩阵的常见形式进行设置，用来实现多种能力的构建。

第 5 章

运用六个设计驱动因素

战略分组始于将任务分开并将它们进行合理地分组。无论重点在于整个组织，还是在于组织中较低层级的业务单元或职能部门，都需要完成战略分组。战略分组要求单元的领导者从一个宏观的视角（自上而下的视角）来审视执行业务规划所必需的工作。换句话说，战略分组回答了这一问题："我们认为什么样的基本工作分组最能构建实现战略所需的能力？"然后，通过自下而上的视角来定义确保能力发展所需的业务和管理流程。但是，就像工程师进行基本的建筑设计一样，组织设计人员要明确"主要承重单元"，这些单元必须对组织发展起着推动作用。

构建要素

战略分组的选择是有限的，因为可以用来分配工作责任的方法只有这么多。以下是四个基本的构建要素。

职能或技术

职能结构围绕主要的活动群体进行组织，如财务、人力资源、研发、制造和市场营销。每个职能部门的所有员工都被集中管理，以促进知识的共享、深化及专业化。职能结构可以促进标准化，减少重复，创造规模经济。

地域或区域

一家在本土市场已饱和的公司通过拓展到新的地区来发展，这就需要运用地域这一维度。在文化、语言或政治因素影响购买方式的情况下，或者当消费者行为因地域而存在很大差异的情况时，地域结构提供了创造竞争优势的机会。让地域的管理者关注差异的益处是，他们可以根据当地的需求定制公司的标准产品，并成功地与更熟悉当地市场的公司进行竞争。当运输产品的成本很高，或者一项服务必须在当地提供时，地域结构也能发挥其作用。

产　品

当一家公司发现自己有多条产品线，而这些产品线在其基础的业务模型下朝着不同的方向进行分化时，职能结构通常就会演变成产品结构。这些新的产品线需要不同的组织能力，并配置不同的职能或技术。因此，公司可能为每项业务设立一个新的产品部门。通常，推出新的产品线也将创建一个新的利润中心，因此，“产品部门”和“业务单元”这两个术语通常是可以互换使用的。

客户或市场

职能、产品和地域结构能为管理者提供诸多优势，但它们不一定能为客户带来一个简单的交互界面。客户，尤其是相互之间有购买关系的组织，通常希望有一个单一的联系点、满足其需求的定制产品，或者一套综合的服务和产品的组合。客户结构看起来和产品结构很像，除了客户结构的划分是基于客户细分，即指具有相似的需求、特征或购买模式的客户群体。这种结构可以使服务关系专门化。品类是客户一致性的另一种形式。品类和品牌很容易与产品混淆，更准确地说，品类和品牌是以客户为重点的市场细分。

表 5.1 总结了这些构建要素的结构所具有的通用优点和缺点。

表 5.1　构建要素的结构所具有的通用优点和缺点

构建要素	优点	缺点
1．职能或技术 围绕主要活动群体进行组织，如财务、人力资源、研发、制造和市场营销	• 实现职能部门内更多的知识共享，以及构建专业化的能力。吸引和发展“说同一种语言”的专家 • 与供应商产生杠杆作用 • 产生规模经济，以及流程和程序的标准化	• 会使管理不同的产品线变得困难 • 导致跨职能流程之间的冲突 • 可能导致优先事项之间的冲突，无法获取客户需求 • 需要在领导层面完成整合工作
2．地域或区域 围绕地理位置进行组织，如洲、国家或地区	• 能够关注当地并实行产品定制化，维持与地方政府之间的关系 • 降低运输成本	• 很难跨区域边界调动和共享资源
3．产品 围绕产品部门进行组织，每个部门都有自己的职能结构来支持产品线	• 可以缩短产品开发周期，并能够开展“最先进”的研究 • 与总经理一起在部门层面确定每种产品的损益责任 • 培养团队对于产品线积极的认同感，并清楚地了解决策和组织成功之间的关系	• 可能导致产品线在焦点和标准上的分歧 • 促进了对产品部门的忠诚度，但这可能会使识别什么时候应该改变或放弃某个产品变得困难 • 会造成资源的浪费和职能的重复 • 当职能分散时，会丧失规模经济优势 • 为客户创建多个联系点
4．客户或市场 围绕主要的市场细分进行组织，如客户群、行业或特定人群	• 通过深入的关系和客户忠诚度，能够轻松为客户进行定制 • 能够提供增值的产品和服务的组合及解决方案，避免同质化的产品和单纯的价格竞争	• 导致客户和市场细分在焦点和标准上的分歧，以及资源的浪费和职能的重复 • 需要对客户盈利能力进行跟踪

六个设计驱动因素

如表 5.1 所述，战略分组中每个基本构建要素的选择都存在一系列优点和缺点。但是，这些通用的优缺点并不是选择最佳战略分组的基础，必须针对执行具体战略所必需的能力进行分析。在前面的章节中，我们定义了能力，以及将能力作为制定所有设计决策的标准的重要性。我们还介绍了设计驱动因素，作为分析组织现状的框架。现在我们可以将设计驱动因素作为一种工具来运用，用来根据标准对设计选择进行评估。为了说明这一点，我们将重点讨论许多组织难以构建和维持的能力：创新，或者比竞争对手更快地开发新产品和服务的能力。表 5.2 对六个设计驱动因素进行了总结，以供参考。

表 5.2　六个设计驱动因素的总结

管理层的关注	• 迫使人们关注关键紧急的事项 • 在层级制度中提升一个组织的组成部分的层级 • 示例：新兴市场的主管、新产品开发的孵化器、新流程的职能权威
杠杆化资源和成本	• 通过集中类似的活动来创造规模经济（用于成本管理和提高效率） • 包括中心化和受中心主导的组织活动 • 包括扁平和精简的结构 • 示例：共享服务中心
协调和整合	• 将各部分整合起来，形成一个“整体”的结果，端对端 • 可以通过结构化和非结构化的解决方案实现，通常基于流程 • 允许组织从另一维度进行横向决策制定 • 示例：产品管理团队、全球品类团队、品牌管理委员会
专业化	• 通过专业知识或职能活动将角色或群体区别开来 • 确保技术的卓越性——专业知识中心 • 示例：为多条产品线服务的中心研发职能部门
控制和权责	• 通常是由简单清晰的汇报机制产生的结果 • 对问题点进行提升或中心化，以确保其得到控制 • 示例：向最高主管汇报的质量部门、由总经理负责的产品部门

续表

学习和动机	• 在相对较小的范围内提供较高的权限和权责，允许冒险 • 提供各种多元化挑战，包括国际环境所产生的影响 • 示例：为培养未来的总经理而创建的小型损益单元；轮换任务分配、项目角色

所有首席执行官都面临一项压力，他们需要寻找实现公司健康发展的可持续性来源。但是，一项针对 1 000 家公司的研究发现，研发支出与销售额、收益增长、盈利能力或股东回报之间并没有显著的关联。大型公司的成功创新不仅需要投入成本用于解决问题，更重要的是，创新依赖能构建独特能力的组织安排，这些能力能使公司产生新的想法，评估并发展概念，然后迅速地将它们推向市场。当目标是突破性创新（创造真正的新产品，而不是对现有产品的改进）时，这些能力就会更加难以构建。

结构当然不是构建“创新”能力的唯一要素，但它是一个很好的起点。六个设计驱动因素就像一个镜头，透过镜头能理解各种不同的战略分组在新产品创新中是如何有助于构建能力的。接下来我们会对每个设计驱动因素进行探讨，并以公司制定的一系列设计决策为例，说明不同的战略分组选择如何对强化创新的实现过程起到支持作用。

管理层的关注

刺激创新的一个方法是给予它更多的管理层关注和可见度。负责领导创新的人员在组织的高层进行汇报。许多公司难以决定对哪些项目进行投资，以及如何在各个创新机会之间分配稀缺资源。在一个产品不断增加的世界里，如今的领导者受到更高管理层的鼓励，果敢地投资数量更少、金额更大的项目。希望确保做出正确选择以及鼓励组织承担更多风险的领导者知道，最优秀和最资深的管理人员需要在困难的创新工作中投入个人时间和关注力。

耐克公司的情况就是这样的，其全球设计高级副总裁作为主要业务单元负责人的同级同事，直接向首席运营官汇报。Shawcor 公司是一家加拿大的能源服务公司，为石油和天然气管道提供涂层和保护的解决方案。近十年来，通过不断为世界主要石油公司面临的“疑难杂症”找到新的解决方案，该公司平均年增长率达 15%。Shawcor 公司的首席执行官已经任命了一名首席创新官向他汇报，并明确了对新产品开发情况进行更新是公司月度管理例行工作的一部分。

运用管理层的关注来构建所需的能力，首先要从结构和角色入手，结构和角色要能传达“这项工作非常重要”的信息，然后由正确的流程、衡量标准和人才来支持。例如，耐克的首席执行官会亲自审核设计师和材料技术人员的创意和想法。人们经常看到他在与首席设计官的互动中描绘想法。整个公司的高层领导者对于追求产品美观和性能的热情不亚于他们对体育运动的热情。而在 Shawcor 公司，这样一个价值近 20 亿美元的公司中，首席执行官和他的每个部门总经理都亲自与客户和内部技术人员协作，寻找解决棘手问题的新方法。Shawcor 公司的总经理会毫不犹豫地站在长凳上，手里拿着废管、泡沫橡胶、胶带、织物或亲自组装的原型。这样的行为是被鼓励和激励的。

杠杆化资源和成本

杠杆作用是专业化和管理层的关注的一种类型，其特别关注提高公司在人员、品牌和实物资产上的投资回报率。这一设计驱动因素的目的是低成本而高效地利用有限资源，并保留难以构建的能力。

杠杆化单元的一个典型例子是中心化的共享服务中心。这种设计选择的优势是形成规模经济、对高水平专业知识进行投资的能力，以及推动通用流程的能力。但是，杠杆作用的实现往往会直接反对将工作分解到更小部门单元的做法，而将工作分解到更小部门单元有利于激励员工和界定明确的权责划分。

一个普遍的问题是，中心化职能部门的预算必须重新分配给运营单元，这可能会使权责变得模糊不清，尤其是当一些单元比其他单元更想利用中心资源的时候。此外，与客户的距离、大型统一资源池的官僚主义倾向，以及与业务节奏的脱离会降低组织的反应能力和创造力。

杠杆作用通常不是专注于创新的公司所强调的设计驱动因素。在许多具有多重业务的公司中，大型中心化的研发群体的绩效记录有好有坏。但是，对于高度专业化技能的投资是有必要的。在部门化的公司中，杠杆作用的一个具有吸引力的机会点是高级开发——研发的研究方面。获得和保留某种类型的人才和技能是非常困难的，如果不能将他们聚集在一起，即使对于最大型的公司也是承担不起的损失。将基础研究融入中心化的研发群体是一种常见且有效的杠杆作用形式。

杠杆作用可用于支持创新的另一种方式是，将非战略性但必要的活动组合在一起，并对其进行效率和成本管理。这可以将释放的资源投资于实现有效创新所需的实验、测试和不可避免的失败中。

协调和整合

单独的、专业化的产品创新计划必须在重要的时候重新连接到运营业务之中。这种整合可以通过专门的角色或单元、过程，或者共享的衡量标准和激励机制来实现。例如，如果一套新产品需要依赖已建分销渠道的优势，那么设计的新产品必须能够在这些渠道中获得成功。推出在业务主流之外开发的新产品（过分强调管理层的关注或专业化）的风险在于，它们可能会被销售组织拒绝、得不到市场营销计划的支持，或者得不到技术支持单元有效的现场服务。当这种情况发生时，这项新的业务并不比初创的业务更具优势。因此，如果没有一定程度的整合，专业化会破坏公司核心业务所提供的优势。

杰弗里 • 摩尔（Geoffrey Moore）描述了“青春期”业务的挑战。“青春期”业务是指在更大型公司的背景之下，营收在 2 000 万～2 亿美元的新兴业务。他认为这些业务可以逐渐融入核心，但前提是它们对营收，可能还包括利润，都有自己的衡量标准，且对贡献利润或卓越运营没有期望。

麦克森公司一直维持着独立且专注于医疗保健技术的业务单元，并且不急于将它们进行整合。这样做是为了加快医疗保健领域的高度专业化应用中的产品开发速度。但是，这些复杂的解决方案必须与一个共同的销售和市场营销组织重新联系起来，从而利用公司的规模优势，以及在医疗保健业重要客户中的影响力。客户越来越多地要求麦克森公司将病历管理、账单系统和医院人力资源解决方案全都整合到一个综合的系统架构中。对于像麦克森公司的技术解决方案中心这样的单元来说，在专业化和整合之间找到平衡是一项困难的工作。大型客户已经开始要求更多的整合。但部门 90%的营收仍然来自其传统产品。因此，公司必须重新调整，以逐步管理新的、综合的解决方案，同时对旧有的、已被认可的解决方案保持足够的关注，这对于许多正在向系统解决方案过渡的公司来说是一大挑战。

专业化

专业化是管理层的关注的一种变化形式，尤其是在大型公司中，专业化将创新活动与公司的核心工作分开——使创新工作专业化。新产品的平台通常会从已建立的业务单元中被单独抽出，并给予同等的重要性，这样它们就不会在争夺资源和管理层的关注的竞争中输掉。平台若涉及未经验证的技术，可能会需要更大程度的分离，以避免为了保护核心技术不受新技术威胁的管理行为对其造成影响。这种分离在需要的时候能和现有业务重新联系，这样能够实现专注度和专业化。那些从事新产品和服务的平台被允许分化发展，不被核心工作开展方式的限制所阻碍。

例如，果汁、水和茶是可口可乐公司全球品牌和品类组合中后来开发的产品。碳酸软饮料销量巨大，利润非常诱人，因此想找到途径进入被碳酸软饮料主导的市场是一项重大挑战。在全世界的地方市场中，曾经出现过一些较小的成功，但都没有实现杠杆作用。最终，在可口可乐公司的全球产品组合中，给予这些新的业务增长来源更高优先级的做法是，为这些品类和品牌创建独立于核心业务的同级业务单元，尽管它们的营收与碳酸软饮料业务相比相形见绌。公司对于新业务采取的方式是，成立专注于新饮料开发的高度专业化的单元。品类领导者拥有他们自己独立的开发人员，这些人员由专门研究果汁、水、茶或咖啡的技术中心指派。

可口可乐公司通过指定基于地理位置的开发中心，在更大的新产品开发中扮演特定的角色，在开发领域中创建了更进一步的专业化。这些地域技术中心在汇报关系上保持一定程度的分散，但每个中心都有明确指定的职责，成为一种特定饮料平台的全球专业知识中心——主要基于每个中心已取得的业绩记录。例如，茶是上海开发中心的专长产品，这并不意外。

专业化可以促进专注度，但通常会以整合作为其代价。苹果公司的成功源于对创意人员这一特定群体的密切关注和培养，他们在组织结构中被赋予很高的位置（管理层的关注）。这些软件开发人员由苹果公司中独立性很高的组织进行管理。在这些细分的单元中没有人能够看到全局情况。信息的保密和控制是其规范准则。一位观察人员指出，“苹果公司的创意人员对公司整体运营的洞察并不比一名陆军士兵对五角大楼的洞察多”。与此同时，这些专业的群体有自己高度安全的工作区域，像小型的设计公司，不受任何干扰。苹果公司的组织方式使它能够特别关爱最具价值和生产力的员工，这种组织方式也是公司最强大的资产之一。因此，苹果公司必须在高层级进行整合。与创新相关的决策通常会涉及首席执行官及其直接下属。

苹果公司的例子说明了没有哪种特定的结构对于构建某一特定能力是最好的。苹果公司是一个大型的成功创新者，它主要是围绕高度专业化的职能单元进行组织的。最高层级的战略分组包括五位高级副总裁，其中一位负责设计，一位负责软件工程，一位负责应用程序，一位负责零售，一位负责全球市场营销。首席运营官管理着另一组人员，主要由职能部门领导者组成。这样的结构相对简单。苹果公司的领导者制定的设计决策强调专注度和专业化，并在非常高的层级进行整合。这种方式对他们是有效的。

控制和权责

将控制和权责置于正确的层级也会影响能力的构建。大多数组织一旦发展到超越了简单的单一产品线业务时，就会被重新设置成多个部门。这样分割的基本目的是，将复杂的组织分解成易于管理和控制的单元。每个单元通常由一位总经理领导。

许多公司都将创新视为价值和目标，但在实现它们所期望的结果的过程中面临重重挑战。当每个人都对结果负责时，就相当于没有人对结果负责。领导者会问：“我应该让谁对创新负责？”高层任命一名创新官的想法必须与保持部门总经理对其业务增长负责的需要相平衡。这是一个巧妙的平衡。我们举了可口可乐公司创建咖啡、茶和果汁专业知识中心的例子。但可口可乐公司的管理层选择不对全球产品开发组织进行中心化，因为他们希望区域总裁仍然对其市场上的产品创新负责。它选择通过正式化的沟通网络、共同的创新流程和一组经过协调的开发优先级将这些努力联系起来。通过这种方式，可口可乐公司运用专业化来建立对于新产品开发的关注，并运用整合机制来促进全球的联系，但通过主要由各地区自行制定业务整体成功与否的权责衡量标准而对这点进行了平衡。这一设计创造了动态的全球对话及所期望的创新。在这种设计中对权力的平衡进行管理，是领导层需要做的工作。

学习和动机

科技公司思科的新兴技术小组成立于 2006 年，它证明了自己即使在经济低迷时期，仍然是一个成功的新业务孵化器和加速器。这种结构是管理层的关注的一个例子（将小型营收单元结合起来并提升为公司一个高度可见的组成部分，以保护它们不受核心业务的影响）。许多公司运用了这种机制。然而，思科公司的优势在于其创造了一个学习、分享和协作的环境——所有这些都是构建创新能力所必需的。孵化器中的创意和项目就是从这种环境中产生的。

思科公司的首席执行官约翰 • 钱伯斯（John Chambers）在 2001 年的科技萧条时期过后不久，通过大规模重组，开始创造一种整个企业范围内全员创新和协作的文化。他创建了“分布式创新”网络和董事会，现在它们提供了公司中 70% 的创新。他的目标是“减少组织对自己和其他高级管理人员的依赖”。他相信，只有当处于不同职能部门、损益单元和市场的人员被授权进行互相协作并与客户协作时，真正的创新才有可能实现。任何有优秀创意的人都可以得到资金和一个跨职能小型团队的资源支持。这个过程经常被描述为混乱，甚至毫无秩序。但目标——新产品——是明确的，技术专家和其他人员的非正式联盟可以自由发挥去寻求新产品的开发。在许多方面，这种方法与苹果公司的方法是相反的，但它也同样成功。

以上讨论表明，构建创新能力的方法有许多种，这比选择结构更为复杂。领导层必须在各种选择中做出明智的决定。设计驱动因素框架是界定和评估各种选择的有效方法。

第6章

决定最佳的分组选择

战略分组的核心任务是从经典的设计选择中选出最佳的方案，这个难题没有唯一正确的答案，关键在于做出的选择能够实现收益最大化和风险最小化。

这项工作首先要列出一些假设，说明哪些选择最能支持试图构建的能力。我们建议领导者至少定义两个高层级的选择（或假设），然后通过指出每个选择潜在的优势和风险来检验它们。我们通常会从“气泡图”着手，它有助于显示设计中可能组合在一起的各部分之间的关系。例如，如果想要围绕市场进行组织，我们会将这些市场画成泡泡，用标题预留位置。然后，我们可以考虑哪些其他“主要承重单元”可能也是该选择的一部分。图 6.1 显示的是一家工业产品公司的早期设计假设，其重点在于客户群。在这个例子中，我们假设产品必须由面对客户的单元共同管理，并且需要一个“后端”来管理共享的生产基地。

生成并评估战略分组选择是一个迭代过程。组织是多层级的，如果不至少考虑两个层级的深度，就很难理解一个具体选择的利弊。如果不了解以客户为中心的单元的工作内容，就无法在气泡图中思考这些单元的优势。假设每个客户单元都有自己的市场营销、客户管理等，这样会比较容易思考以客户为中心的选择的利弊。

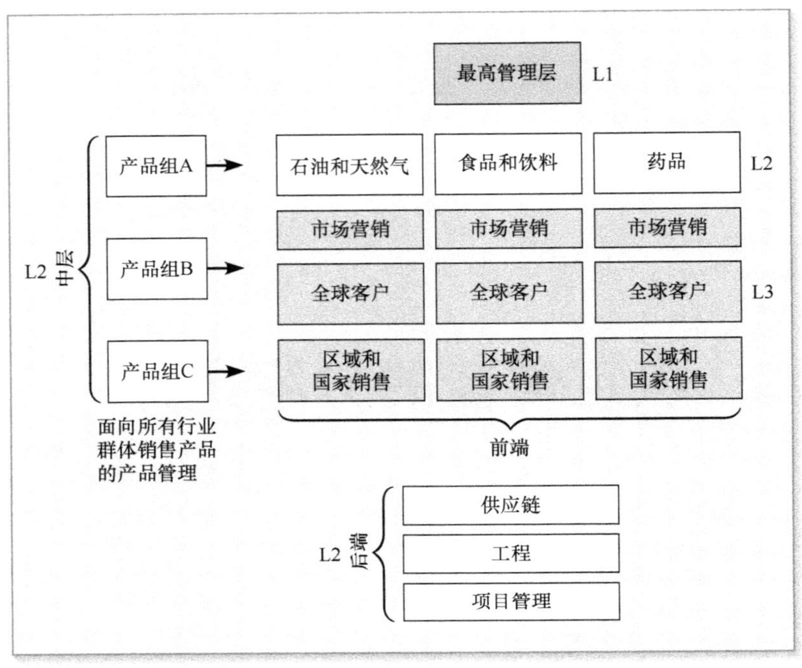

图 6.1　一家工业产品公司的早期设计假设

为了进一步说明这点，让我们将设计中的最高管理层称为 L1（第一级）；他的直接下属是 L2，依次类推。经典的设计选择从一个层级到下一个层级会有所不同。如果 L2 的选择是按照市场来达成一致，那么 L3 的选择可能是按照职能单元来达成一致；或者可能是按照子市场甚至地域单元来达成一致。根据工作的不同，一个层级可以围绕多于一种的经典选择进行组织。关键是要在六个设计驱动因素方面找到一种方式，能够融合和平衡各种选择的优缺点。如果我们在 L2 获得了客户整合的优势，那么我们可能需要加强下面一个层级的职能优势，可以选择按照职能对 L3 进行组织，从而实现专业化。

采取单纯一种方式进行组织是没有价值的，复杂的战略会导致组织一定程度的复杂性。虽然简单是一种优点，但当更复杂的形态可能产生更多价值时，领导者应该避免目的只是让其工作更容易的简单性。

一旦呈现出了许多战略分组选择，其中 2～3 个被确定为优先选择，然后就需要对如何组织 L3 和 L4 进行深入研究。虽然这因项目而异，但在战略分组阶段，L3 通常是能够考虑到的实际细节的最低层级。后续层级的设计更可能会在整合阶段进行，并通过每组单独的工作流所采用的自下而上视角（基于对工作的详细描述）。这是许多设计项目中最为有效的方法。

当考虑分组选择时，图 6.1 中以客户为中心的示例通常包含若干组成部分。我们认为无须使用组织架构图就能描述整个设计选择是非常重要的。以下示例是一个早期设计概念的口头描述：

向总经理汇报的将是一系列纵向的市场单元和产品系列。这些单元将具有专门的市场营销职能，并通过区域销售和服务组织进入市场，该组织由一个共享的供应链组织提供支持。

我们现在已经将设计选择融入“设计概念”之中。当前，正处于设计工作的早期，这只是一个概念。在制定任何决策之前，需要寻找至少两个像这样的可行的概念。通常，当你测试优先选择时，最好保留一个可替代的设计概念。

组织原型

是否有经验法则表明，存在一种分组形式对于某一特定行业会更有效呢？创新专家杰弗里·摩尔基于他对组织生命周期的研究提出，有两种广义的公司原型，这两种原型需要两种截然不同的组织架构。他描述了复杂系统公司和规模运营公司这两个本质对立的概念。前者（参考 IBM、思科、高盛、波音和柏克德工程这些公司）通过高度个性化的解决方案来解决复杂的业务问题，这些解决方案将产品和服务融合在一起，被交付给一部分非常大型的客户。相比之下，规模运营公司（参考威瑞森电信、宝洁、耐克、赫兹租车和塔吉特这些公司）服务于规模市场（通常是消费者市场），具有各种标准化的产品，涉及上百万笔交易。摩尔认为，客户群的形状（在复杂系统公司中非常窄，在规模运营公司中非常宽）影响着组织架构。必须考虑为几百或几千名客户服务与为成千上万名客户服务的差别。在复杂系统公司中，客户可以而且应该是高度综合活动的中心，所有这些活动的目的都在于周密巧妙地获取客户和交付复杂的解决方案。而在规模运营公司中，差异化、成本效益高的生产才是核心活动。

这些原型需要不同的能力。摩尔的第一种公司原型必须非常擅长综合的解决方案和客户管理。一般而言，第二种公司原型必须通过选择、可用性和价格进行竞争。第一种公司原型是通过个体化的接触与客户进行互动的，而第二种公司原型是通过品牌信息和媒体与客户进行互动的。如果我们应用六个设计驱动因素来推断可能适合这两种公司原型的战略分组类型，那么其中的逻辑如图 6.2 所示。

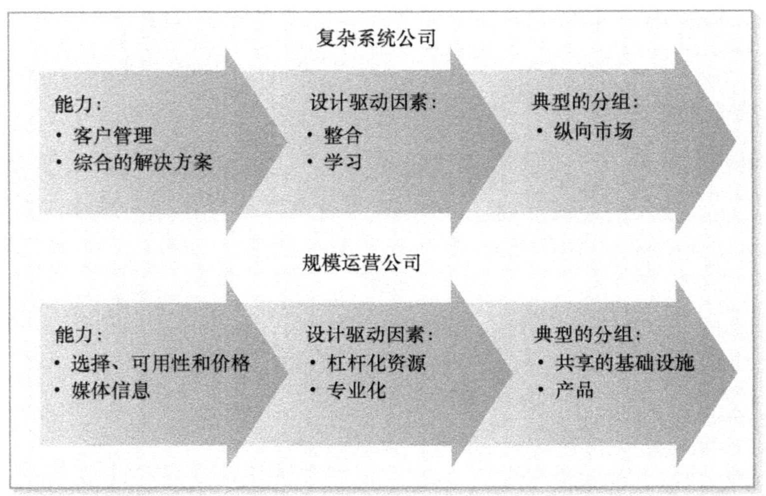

图 6.2　两种公司原型以及对需要的能力、设计驱动因素和战略分组的典型影响

摩尔提出的如此宽泛的公司原型不应该被按部就班地接受，每种原型都会有许多变化形式，尤其是在那些试图将这两种原型结合起来的公司中。但是，我们认为这确实是一个重要的思路，有助于早期设计假设的开发。

地域组织的新方法

对于必须按照地域进行组织的公司来说，拥有一些框架来思考如何将地理位置作为组织原则会很有帮助。地域仍然是许多公司对面向客户的业务活动进行组织的优先选择，如客户管理、销售、服务。日益全球化缩小了跨国公司和集团在不同国家的子公司的职责范围，更多地专注于面向客户的工作，而不是全套的公司管理。然而，新兴市场通常不是这样的。

近年来，将地域单元按照调整过的地理板块进行划分的传统方法出现了改变，主要原因是业务的增长更多地依赖离岸市场，主要的增长机会集中在少数几个市场，如巴西、俄罗斯、印度和中国，以及对地域基础设施和支持活动的支出成本进行合理化所面临的压力。如今，单独的国家可能代表着最佳的业务覆盖范围，也可能代表不了，而按照地理区域进行分组往往太过宽泛。区域总部在内部通常被视为比中心更具官僚主义且更具控制力，尤其是在欧洲。

许多公司都在持续不断地调整其地域版图，根据现有管理人才划分或大或小的业务覆盖范围。这样的做法不一定是坏的，但是应该考虑一组设计标准；忽略某些有效地域覆盖范围的特定因素可能导致结果的局部最优化。

正如我们所见，地域对于增加管理层的关注和提高本地市场覆盖率方面尤其有用。这对于在人员和资产的所在地设置地方控制和权责也非常有效，这就是为什么它仍然是许多全球化公司的一条核心设计原则。它还可以在地方层面提供协调和整合。

借助一组明确的设计标准，可以最有效地理解地域单元各种分组方式的利弊。我们发现有许多标准对于充分思考如何将地域边界整合到组织中都是非常有用的。这些标准的重要性完全由公司决定，有些可能是至关重要的，而有些则无关紧要：

- 新兴市场焦点。
- 地域组合管理的最优化。
- 文化、语言和地缘政治的邻接效应。
- 外部合作伙伴的结构和位置。
- 营收、人员和资产的集中度。

新兴市场焦点

拥有巨大发展潜力的新兴市场受到公司管理层的关注。IBM 公司重新调整了其在美洲，亚洲，中东、非洲和东欧的三个发展中市场的分组，这些小型营收市场预计在未来几年将实现当前销售额 21%的增长率。在此，管理层的关注是关键。首席执行官萨姆·帕米萨诺（Sam Palmisano）在接受《华尔街日报》采访时表示，他不希望日本、德国和美国等成熟市场面临的持续挑战占用了这些关键发展市场的管理时间。

显然，管理欧洲和北美等高度成熟的消费者市场所需的能力，如市场营销，与管理印度和中国等高增长市场所需的能力是完全不同的。在地域单元中，有更适合进行一致性管理的速度、节奏和最佳实践。在动机和技能方面选择更适合某种市场类型的领导者，也会更易于在地域单元中进行管理。一些公司积极地管理职业路径，让高潜力领导者接触多种市场类型，也正是因为这些市场之间存在的差异。

地域组合管理的最优化

许多公司根据其地域组合积极地管理投资。例如，大量投资于直销的公司通常会减少在一个或多个国家的广告支出，以增加在其他国家的支出，从而最大限度地提高对季度或年度业务结果的影响。其他公司可能会在较长的时期内做出类似的选择，通过减少在一个发展潜力较低的地域单元中对销售或生产能力的投资，来为其他地域单元提供资金。

当根据正确的结果和时间框架对人员进行正确的管理时，这种形式的运营组合管理才是有意义的。明智的设计需要考虑应该在哪些地方以及在什么情况下做出决策。可以设置地域集群，以鼓励业务单元的总经理通过在子单元间转移资源，从而使整体业务覆盖范围的结果最优化，所采取的方法不会因为具有高价值的地域单元需要更长时间来发展而牺牲公司的未来。例如，我们已经看到像英国和法国等现金充裕的国家与南非等快速发展的国家进行集群，目的是从前者获取现金来为后者建立品牌。

文化、语言和地缘政治的邻接效应

文化和历史一直都可以作为合理的分组依据。在将中东和非洲划分成子组合的过程中，一些公司刻意将主要讲法语的北非和西非国家聚在一起，而将埃及等与中东国家联系在一起。日本和韩国由于历史原因长久以来关系紧张，导致许多公司仍会避免将两者归为一组，除非两者是一个更为大型的地域单元之中的一部分。

外部合作伙伴的结构和位置

外部合作伙伴的结构和位置会影响公司协调地域单元的方式。在严重依赖第三方分销的公司中，与外部合作伙伴进行内部资源的集中共享可能会非常有利。开展此类第三方分销业务所需的能力是以市场营销和特许经营管理为导向的，而不是直接销售。这可能导致地域单元变得非常庞大。

例如，西班牙和法国的大型啤酒和软饮料经销商在北非和西非拥有广泛分布的装瓶厂、分销中心和人员网络。像可口可乐这样的公司在调整自己的内部组织边界时，要关注这些地域的业务覆盖范围，从而在自己的本地特许经营管理和市场营销中心与装瓶厂区域的生产、销售和分销之间建立简单、一致的联系。这些一致性和集中共享的安排，可以很好地服务于伙伴关系。

营收、人员和资产的集中度

发挥杠杆作用需要寻找有效的集群来管理所谓的后台操作。许多公司创建了泛欧洲行政活动的服务中心。这些活动不一定必须与运营单元使用的边界相一致，尤其当基于中心的职能部门对其进行管理时。

这些以行政管理为重点、基于地域的单元可以与运营单元分开管理。当多个部门在一个特定区域内独立运作时，这样的做法尤其有用。高级管理人员被指派担任“房东”的角色来：

- 协调各业务的人员管理方法，使之保持一致。
- 管理所有与地方监管和政治实体相关的事务。
- 管理共享服务活动的费用和资本预算。
- 管理合同、程序和采购协议。

行政管理或“房东”角色可以作为运营人员的“第二顶帽子”，也可以作为全职行政管理的工作任务。他们可以保留，也可以不保留“区域经理”的头衔。

一些公司根据销售量来划分地域市场，从而确定最有效的分组。我们的一家客户公司最近将其开展业务的 115 个国家分为四类，分类完全基于营收增长计划，范围从超大型市场的国家到小型市场的国家。完成这项工作后，该公司能够应用一些分析来确定，哪些市场应该是由高级管理人员管理的独立市场，而哪些市场需要集群。该公司还使用这种分类为独立市场所需的基础设施类型制定指导原则，这和在集群层面是不同的。这样，公司就能够完全摆脱区域总部的遗留问题和费用支出，取而代之的是一组更扁平化的集群。小型市场的国家只配备销售人员；中型市场的国家与其他同等规模的国家合并，并配备最低要求的市场营销资源及销售人员；大型市场的国家被定义为可能的单一市场实体或集群内部的锚定国家，这些国家会配备市场营销人员、支持人员和品类经理；超大型市场的国家保留了战略业务单元（Strategical Business Unite，SBU）的职责，并相应地做了完整的人员配备（见表 6.1）。

表 6.1　按营收划分国家以确定消费品公司的集群规则和资源需求

	营收< 1 亿美元 小型市场的国家	营收 1 亿～4 亿美元 中型市场的国家	营收 4 亿～10 亿美元 大型市场的国家	营收> 10 亿美元 超大型市场的国家
原则	• 销售地区 • 由销售总监领导	• 如果可能，与其他地域单元整合	• 单一市场实体 • 可以与其他地域单元组合成一个集群	• 可以作为单一市场实体进行管理，也可以细分为多个业务单元
组织	• 销售	• 销售 • 市场营销	• 销售 • 市场营销 • 销售规划 • 有限的品类人员配置	• 销售 • 市场营销—销售规划 • 完整的品类人员配置 • 支持人员的配置 • SBU 衡量标准

当各选择表现得同等有效时

当两个或两个以上的战略分组选择表现得同等有效时，你可以考虑其他标准。从评估过程再回溯到商业论证和洞察见解是非常有用的。我们建议采用一组简单的测试。

变革程度

组织的起点决定了变革的程度。总体来说，你期望用最小的变革和最少的干预来达成结果。例如，创建一个运作于现有运营单元之中的综合品牌管理角色是构建品牌能力的一种方式。这一角色需要品牌经理具备影响力和人际关系技能，还需要运营单元经理将一些权力让给这个新的角色。在一个已经擅长运用跨职能团队并拥有这种综合角色模式的组织中，品牌经理的角色可能只代表了很小程度的变革。而在另一家公司，运营单元有高度的自主权，对于承担这样的角色几乎没有经验，那么品牌管理可能就会带来巨大的变革。放松监管（如网络或团队）可以作为一种干预较小的方式来构建品牌能力，尽管其产生的影响不会非常大。

首要性

从长期来看，许多能力都很重要，但就短期而言，可能存在一个重要程度等级。能力构建的优先级可以指导针对战略分组制定决策的顺序。例如，财务单元可能需要增加更专业化的决策支持角色，需要创建共同的流程来降低成本。第一步通常是聚焦于将交易活动整合到区域的共享服务之中，从而释放资源并改变用途。

管理层应对复杂性的能力

如果管理团队缺乏资金来执行设计方案，书面规划的设计方案再精彩也毫无价值。领导团队管理复杂组织形式的能力需要时间来构建。构建这些能力对于以下情况的团队来说更容易，该团队：（1）成员已经合作共事并建立了牢固的工作关系；（2）成员来自其他成功管理复杂组织的公司；（3）在共同承担权责和决策制定方面有一定的成功纪录。管理时间是非常宝贵的，选择一些代价不是很高的重复资源的设计可能更好，而不是选择一个看似高效，却会在内部协商中耗费过多宝贵管理时间的设计。

最大的影响

当分析选择时，你要思考一下哪个设计会产生最大的影响。无论规模大小，组织设计工作都是非常困难且容易使人分心的。如果想进行变革，你就要选择不仅能解决当前的问题，而且能显著推动组织继续向前发展的设计。

对客户而言最显著

需要测试设计是否满足了客户或其他利益相关者的需求，而不仅是满足管理层的需求。领导者有时会被看起来最容易管理的设计所吸引，而不是会产生最大影响的设计。好的设计应该使组织易于客户管理和员工管理——管理者的工作是管理各方交互的复杂性。

符合现有文化

有些设计相比其他的更适合现有的业务开展方式。如果你的组织拥有独特的文化，并且这是你想要保持的优势，那么应该选择最适合该文化的设计。

强制改变现有文化

相反，如果评估显示当前的文化对于未来的成功是一个障碍，那么你可能需要一个设计，它能够明显改变制定决策的方式并展现新的工作方式。

公司可以转移资源的关注重点，来构建新的行为和能力。举例来说，麦克森公司过去通过强调管理层的关注、专业化和控制的战略分组取得了成功。公司被组织成专注于不同的医疗保健产品系列的业务单元，每个单元都有一位优秀的总经理。然而，客户开始从麦克森公司的各业务单元寻求信息解决方案，这迫使该公司不得不转变战略，开始更加关注公共技术平台的整合。要让软件和信息服务开发人员围绕一个公共平台共同工作是非常困难的。

麦克森公司的选择是保留独立的应用程序开发单元，每个开发单元都高度关注自己的产品线（如发票开具、脚本管理和人力资源利用率），各自的产品线由开发网络或委员会连接。这一选择对于当前的总经理是有吸引力的，因为相对于现有业务，“综合解决方案”的订单数量较少。但是真正能够跨越这些应用程序单元界限的综合解决方案是不会碰巧发生的——这需要单元之间的高度连接，甚至可能需要成立一个单一的综合解决方案业务单元。在未来，麦克森公司可能会逐步发展成具有更少利润中心的公司。总经理很可能不会接受这一选择，因为如果不是在迫不得已的情况下，没有人希望失去对于小型独立单元的权力和控制。一个过渡的选择是增加首席技术官的角色，这个角色可以强制实行一种整合的方法，保持业务单元的基础结构不发生改变。

第 7 章

拥抱矩阵

在战略分组中，我们的目标是确定能推进战略工作的基本组织单元。但是，如果战略任务不止一个，那怎么办呢？答案就是矩阵。

矩阵将两个或两个以上的构建要素组合成同等重要的维度。矩阵创建了多个汇报关系，迫使管理者关注两组或两组以上的目标，这些目标有时是相互竞争的关系。正如加尔布雷斯指出的那样，矩阵中的冲突证明了其正在发挥作用，并且充分考虑了各种不同的观点。

在简单的业务线或地域组织结构中，矩阵最常被用来向中心化的职能部门提供特定的决策权。这使公司能够获得两个设计驱动因素的优势：处于遥远位置的地域单元能够得到有效的管理层的关注，同时在中心化的职能活动中能够利用规模经济。运用矩阵的另一个常见例子是，公司设法在各地域单元中创建一个或多个品牌。矩阵被用来创建品牌的全球化权责制，而执行则由地域单元负责。典型的矩阵式组织如图 7.1 所示，说明了矩阵的基本概念。

矩阵中肯定会发生冲突，这不是因为人们不愿意合作共事，而是因为目标常常不一致。例如，最大化地域单元的营收和利润可能会破坏为跨地区创建品牌而进行统一定位的努力。尽管这种紧张关系会减缓决策制定的速度，但只有在矩阵中强制进行权衡的讨论，这两个目标才能得到关注。简单的结构通常不足以完成复杂的工作。

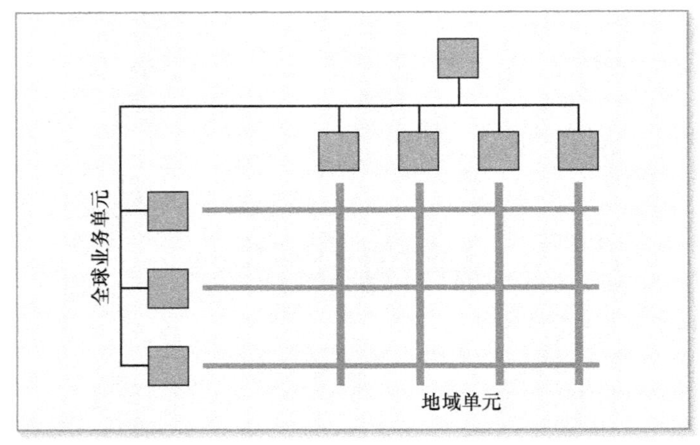

图 7.1 典型的矩阵式组织

当组织的两个或更多维度在权力方面基本平等时，就会出现一个平衡的矩阵。这并不意味着所有决策都是共同制定的。对于特定的一组决策（例如，使用哪个广告代理商），一个维度可能具有权限；对于另一组决策（例如，直销的支出），另一个维度可能具有权限。矩阵促使围绕一些共同目标进行协作性的决策制定。这是一个基于团队的组织。

尽管许多管理者会选择避免矩阵的复杂性，但很明显，如果不在矩阵中的两个或更多角色之间共享权力，当今的全球组织是不会有效的。更重要的是，矩阵中的紧张关系本身并没有坏处，紧张关系在当今复杂的组织战略中是固有的，多数大型跨国公司都必须找到一种方法，使紧张关系对于股东是具有价值的。这往往是使人力和金融资本充分发挥作用的唯一途径。当像宝洁这样的公司成功地管理其组织的复杂性时，它们就获得了竞争优势，因为竞争对手无法轻易复制这些结构。

以下列举了当今许多大型公司中存在的一些矩阵紧张关系：

- 地域单元对全球业务单元施加压力，要求它们关注本地客户的需求，并能更快地生成解决方案，更积极地做出应对。地域单元是机会主义者，它们了解自己的市场。

- 全球品牌使人员关注全球范围的品牌故事和价值主张；它们会推动共同的定位和更大的创新。品牌领导者是公司未来的管理者。
- 新兴市场（如中国）的高管与发达市场和全球产品主管在一起共同商议，迫使其独特的需求得到关注。
- 在全球客户组织内部，跨职能团队与最高管理层合作共事，发出统一的声音，这是作为一级供应商的条件，客户将把库存解决方案外包给该供应商。
- 关键的全球职能部门必须确保专业技能符合所有业务所需的标准，并且这些技能的总体成本具有竞争力。
- 业务开发团队的任务是确保新的业务增长平台获得足够的关注和资金，与核心业务一起作为创新的源头蓬勃发展。

在矩阵中做出战略分组选择

矩阵有多种形式。在高露洁，矩阵的主要轴线是区域和地区利润中心，公司运用品牌和品类网络来协调地域结构。与此相反，宝洁围绕品类进行组织，并重新调整地域单元和职能部门来协调产品线。

矩阵结构的设计和实施是最近出版的几本书中详细阐述的一个主题。我们认为，区分矩阵结构的三种类型对于理解战略分组的核心选择是很有帮助的。可以将这三种广义的类型分布于一个复杂的连续体上来进行思考。我们将按照从相对简单到非常复杂的顺序来对它们进行分析，并且强调六个设计驱动因素如何对矩阵选择造成影响。

矩阵类型 1：职能单元与业务单元

当今大部分多业务公司都采用了这个相对简单的矩阵类型。设置业务单元来服务特定的市场并获取利润。总经理被赋予对业务单元明确的控制和权责。然而，每个业务单元内的职能人员通常都有一位公司或集团的对应人员监督其工作。这种监督是为了跨越业务单元，使职能人员在共同目标上达成一致。例如，部门财务经理一般在公司财务部门有第二位上司，大多数人力资源经理、信息技术主管及其他职能部门的领导者也是如此。

这种类型的矩阵在协调和整合、控制和权责两个设计驱动因素之间造成了紧张关系。这些职能部门负责整合和连接。这与总经理渴望拥有在业务单元中制定所有决策的自主权相冲突。尽管存在这种紧张关系，但管理这种矩阵动态并不困难。业务单元和职能部门之间的角色相对容易区分，在它们之间解析决策权并不是非常困难。如果公司的运营模式是一系列密切关联的业务单元，那么职能部门可能会在业务单元决策制定方面拥有更大的权力。如果业务单元没有太多的共同点，那么职能部门就没有理由去推动高度的整合。我们将在里程碑三中详细阐述权力关系。应该用与运营模式一致的方式，针对职能部门和业务单元的权力关系进行详细说明。

矩阵类型 2：前端（地域单元或客户）与后端（产品或职能）

第二种常见的矩阵类型是前端—后端组织。当一方面需要将管理层的关注放在关键的细分市场上，另一方面需要发挥资本密集型运营的杠杆作用时，建议使用这种矩阵类型。

围绕客户或消费者来组织商业活动，并给予它们管理层的关注，这样的做法会产生切实的益处。但是，公司通常会在那些不面向客户的活动中同时寻求杠杆作用和效率的双重益处。战略分组的解决方案是将前端和后端分开：将所有面向客户的职能捆绑在一起，组成一个综合的业务团队，自行核算损益；与此同时，将需要更多在杠杆作用、成本效益和专业技能基础上进行管理的后端职能集中在一起。通过这样的方式，对立的设计驱动因素能共存于一个矩阵之中。

管理这种类型的矩阵更具挑战性。后端占据了公司的一半，它通常管理着大部分的人员和资产，并占有损益表中的关键因素，包括产品或解决方案的利润率。前端拥有客户，并且必须执行所有商业活动。它在损益表中承担最高的营收权责。权力必须在两者之间保持平衡，并且与所寻求的能力相一致。在满足客户需求方面，后端的角色是作为前端的服务提供商，明确这点是非常重要的。说到这点，为了获得杠杆作用和效率的优势，供应链领导者必须在公司的采购、供货源及整体生产制造的全流程等决策中拥有重要的投票权。

矩阵类型 3：全球客户或产品线与地方性地域单元

同时寻求关注地方客户（具有地方授权）及全球客户或产品（具有更大程度的整合）的公司会采用第三种常见的矩阵类型，这是治理起来最具挑战性的矩阵类型。无论是出于设计目的还是偶然情况，地域通常是这些结构中的主导因素。对于通过在世界各地扩展并授权当地管理者在其认为合适的业务中进行竞争和发展，从而在新市场站稳脚跟并发展的公司，地域是这些公司的历史财产。地方认同、家园认同是人们的天性。地方性可能意味着你来自米兰，可能意味着你是意大利人，或者可能意味着你是欧洲人，这取决于为了达成某一更大的目的，哪个实体会对你产生影响。

由于水平轴（全球客户或产品）和垂直轴（地域）都存在商业活动，因此在这种矩阵中存在高度的紧张关系。它们可能占有损益表中重叠的要素，它们可能都会声称自己对客户或消费者负责。当三个或更多维度同时存在时，这种矩阵会变得非常复杂，这些维度包括产品或解决方案、客户、地域、职能和品牌。

大多数全球公司保留了以地域为轴线的矩阵，这可能是由于保持矩阵真正平衡所面临的挑战导致的。当矩阵平衡时，决策权往往会上升到较高层级的管理人员那里，因此分配给地域单元 51%的投票权会更简单。但是，当高层领导者希望积极参与决策制定时，平衡的产品—地域矩阵会是合适的选择。在当今瞬息万变的市场中，针对投资于全球广告宣传（考虑整合）还是印度消费者的快速积极响应试验（考虑地方授权和激励），高管的直接参与是很有必要的。

只有当两组设计驱动因素对构建能力或制定设计标准都至关重要时，平衡的矩阵才会是一个合适的战略分组选择。为了将全球业务单元与地域市场单元定位为同等重要的两个部分，领导层需要对战略充满信心。

案例研究：运用战略分组构建多种能力

只为优化一种能力而进行组织设计，这是很少公司能够负担得起的。我们在此讨论的案例是关于战略分组决策的思维过程的一个例子。战略分组决策的制定涉及必须相互平衡的一组更广泛的能力。该案例中的公司与第 6 章中提到的公司是同一家公司。

V&C 有限公司（以下简称“V&C 公司”）是一家总部位于美国、市值 40 亿美元的工业阀门和控制装置专业制造商，其客户遍布全球。它主要是通过对欧洲、北美和太平洋地区的小公司的一系列收购而形成现在规模的。该公司按照三个地理区域进行组织设计，反映了它是由各当地公司整合而成的历史，如图 7.2 所示。

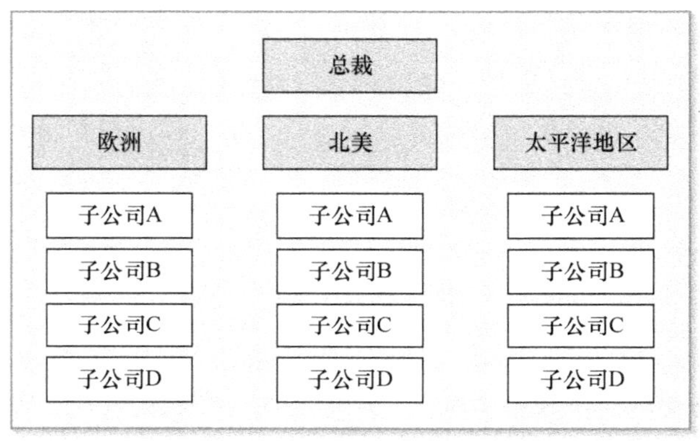

图 7.2 V&C 公司的地域战略分组

2008 年，一位新总裁负责调整 V&C 公司的战略和组织。尽管公司是盈利的，但有许多因素正在阻碍其未来的发展：

- 全球客户以及复杂的跨境项目的增加。
- 需要更多与特定行业需求密切相关的产品创新。
- 没有能力将资源投入新兴和全新的市场。

新总裁提出了四条主要发展途径：

1. 在五个垂直行业（石油和天然气、核能、化工、矿业、水）建立深度的客户关系。

2. 利用现有产品的广度进入这些垂直行业。

3. 确保新产品开发采用生命周期方法，并构建专业的技术服务能力，以提供高价值的客户解决方案。

4. 加速关键新兴市场的地域扩张。

由此确定了一组能力来支持公司发展。这些能力包括：

- 以客户为中心，将各部门产品捆绑组合以满足客户需求的能力。
- 产品管理和行业营销能力，包括生命周期管理、服务业务管理和品牌推广。
- 在中东、俄罗斯、中国和印度等新兴市场保持有效性的能力。
- 全球客户管理能力，包括管理五个行业群体的跨境设施。

正如我们所看到的，这些能力都直接源于战略，并成为组织设计的一组标准。可以根据构建这些能力的程度，来对当前的组织结构和未来的设计选择进行判断。六个设计驱动因素通过指出战略分组的各种选择能够提供的优势来帮助完成这一分析。

在 V&C 公司，我们运用六个设计驱动因素来评估当前组织在能力方面的优势，首先对来自全球各个部门的 12 名高管进行了一系列访谈。表 7.1 是运用六个设计驱动因素对 V&C 公司进行的现状评估。从某些方面来看，结构问题是显而易见的：各国的部门总经理都拥有自己的产品线、销售组织，在某些情况下，他们还拥有自己的品牌，会因为争取某些相同的客户，而与 V&C 公司其他部门和子公司进行竞争。但其他问题更为复杂，如一些基于地理位置的业务单元服务于多个垂直行业，而其他业务单元则完全专注于单一的行业。某些地域单元的销售人员专注于垂直行业，而其他地域单元的销售人员则是跨行业群体的全面人才。渠道战略的建立还不完善，由于缺乏这些战略，销售结构的变革就不会有效实现。产品管理和品牌管理割裂，需要进行重大变革。根据设计驱动因素完成了评估之后，我们制作了一份问题陈述来总结变革缘由，如附录 7.1 所示。

表 7.1 运用六个设计驱动因素对 V&C 公司进行的现状评估

设计驱动因素	当前设计的优势	当前设计的劣势
管理层的关注		• 新兴市场没有得到最高管理层的关注或时间
杠杆化资源和成本	• 市场营销交流服务中心提供具有成本效益的材料开发和分销	• 没有在全球范围利用最佳品牌的优势 • 产品制造的地方性管理导致生产能力被严重局部最优化 • 各地域单元的支持人员数量快速增长

续表

设计驱动因素	当前设计的优势	当前设计的劣势
协调和整合	• 大多数整合都是基于地域而发生的	• 当前的地域和产品定位导致了人们对五个关键垂直行业的观点分歧 • 大多数客户没有看到产品的广度和范围；很难将解决方案进行捆绑 • 很难管理不同的产品来服务全球客户
专业化	• 目前的组织为销售代表提供高度专业化的产品	• 目前的结构缺乏产品管理角色和能力 • 产品和地域单元中的市场营销角色非常不一致 • 新兴市场的所有权在目前的产品部门之间划分
控制和权责	• 地域单元有着非常明确的权责	• 负责某国或某区的管理者对损益的关注会造成对于相同客户的内部竞争
学习和动机	• 地域单元创造了高度的地方清晰度和所有权	• 很难在地域单元内创建通用的管理职业路径

附录 7.1 问题陈述——V&C 公司

V&C 公司当前的组织设计虽然在区域层面上取得了成功，但对于利用公司全球影响力和发展机会是一个障碍：

- 互相竞争的地域损益中心不能提供跨地域的解决方案，有时还会为了相同业务互相竞争。
- 正在错失服务全球客户的机会。
- 工厂中的优先事项与销售单元的优先事项并不完全一致，造成交付延迟。
- 工厂的规模和位置、轮班数量及每个工厂的产品线方面的制造能力利用不足。
- 部分业务的所有权和决策权存在混淆。如在美洲的食品和饮料业务单元。
- 能够产生利润的服务和替代业务没有得到足够的重视。

- 市场营销、技术销售支持、行业市场营销和工程等领域的职能深度和能力没有得到合理的关注。

V&C 公司的领导者现在准备开始提出一组可供选择的设计概念。我们开发了三个战略分组的设计概念，这些概念分布于一个连续体之上，连续体的范围从较小的变革到重大的变革递进。我们还开发了展现这些设计概念的图表。V&C 公司重新设计的战略分组如图 7.3 所示。

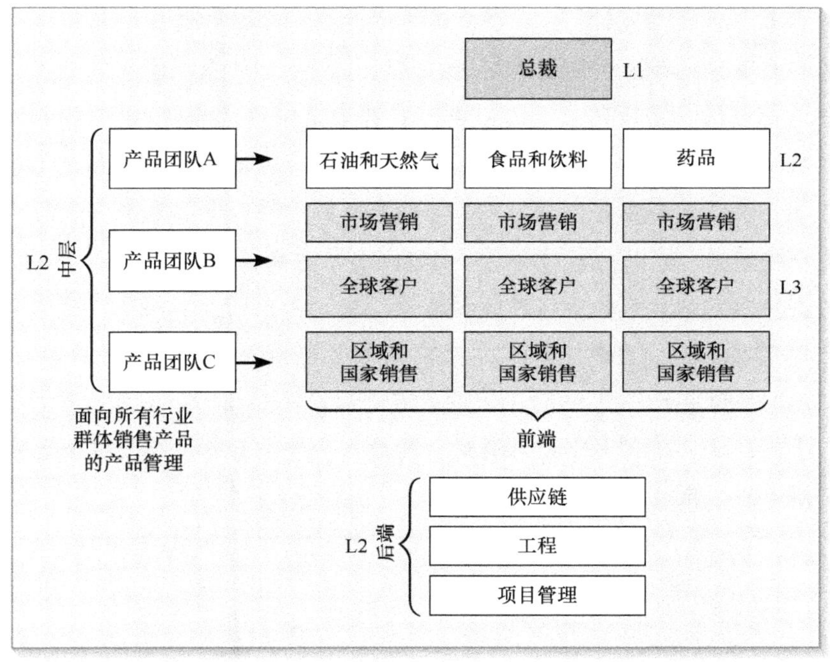

图 7.3 V&C 公司重新设计的战略分组

1．以行业为中心的综合业务单元，具有横向的产品单元的选择性矩阵。建立五个垂直行业（基于市场）的业务单元，每个单元对应一个重要的发展市场。每个单元都将由一位总经理领导，并有专门的市场营销、销售部门，并且在可能的情况下进行产品管理。建立 2~4 个水平的产品团队，只用于管理那些不能归至某个单独的行业领导者旗下的产品系列。其他所有产品将由垂直的业务单元管理。

2．以行业为中心的前端，以产品为中心的后端。专注于垂直行业专门的地域销售、全球客户和行业市场营销，针对每个关键发展市场，将后端运营（工程和生产）重组为共享的职能单元。

3．以产品为中心（工程和标准产品团队）的后端，并具有与地域一致的前端。创建一个标准的、工程化的产品团队来管理所有全球产品、工厂、服务和工程；然后在新调整的区域按照地域单元分配销售、市场营销和服务，并且所有行业的全球客户由中心进行管理。

对于第一轮战略分组工作，我们倾向于生成一个设计选择的连续体，范围从彻底的变革向更为谨慎的变革渐进。这迫使领导者和领导团队针对各个选择的利弊进行讨论，并阐明自己的假设。在这个案例中，选择 1 是最激进的变革，它明显地将公司转变为一个与客户高度一致、相对综合的业务单元集合。选择 2 和 3 都是混合型的，它们将公司的前端和后端分开。选择 3 代表了最为安全的一种选择。产品和地域单元是 V&C 公司的优势所在。

案例所示的设计目标是将产品和地域商业元素分开，以实现产品的全球管理，同时创建更多合理的地域单元集合，来管理面向客户的商业活动。V&C 公司制定的决策将选择 1 作为期望的战略分组，并在 2~3 年内朝着这个方向发展。当然，这只是第一个设计决策，构建这一复杂矩阵所需的能力要求新的流程、决策权、衡量机制和人才画像。

里程碑二总结：战略分组

第 5 章：运用六个设计驱动因素

- 所有的结构都有优点和缺点。理解组织的经典构建要素——职能或技术、地域或区域、产品及客户或市场——是生成设计选择的基础。
- 六个设计驱动因素提供了一个有效方法，用来界定具体设计选择的优劣；它们可以用来确定哪个选择最有助于构建关键能力。
- 设法避免设计中简单的、“非此即彼”的选择；这可以使你获得如中心化和分散化设计元素两方面的优势。六个设计驱动因素的运用有助于融合多种设计选择的优势。

第 6 章：决定最佳的分组选择

- 虽然不存在一种正确的组织方式，但考虑到战略，通常会有一个最佳的选择。关键是找到解决方案，它能够产生最大的收益，同时风险是最小的。
- 生成、讨论并迭代两个高层级的设计概念，直到你选出一个最可能产生效果的设计概念。
- 一旦清楚阐明了两个或更多的选择，你就可以通过在下一个层级或下两个层级更详细地构建这些选择并对其进行测试。
- 公司模式影响结构的选择。简单地说，适合复杂系统公司的设计选择和适合规模运营公司的设计选择是不同的。
- 如今，公司运用新的标准来设定地域集群，根据其市场发展阶段、文化邻接效应、外部合作伙伴结构及其他因素来做出决策。
- 当各选择根据设计标准看上去同等有效时，考虑采取能在长期实现最大限度变革的选择，包括当文化变革对战略很重要时，所做的选择要能推动必要的文化变革。

第 7 章：拥抱矩阵

- 设计矩阵组织的目的是将管理层的关注同时集中于公司的两个或更多维度上。它是用于执行复杂战略的组织复杂性的一种形式。

- 矩阵中的紧张关系表明，组织正在斟酌相互竞争的优先事项及多元化的观点。
- 矩阵结构最常见的形式包括：
  — 职能单元与业务单元
  — 前端（地域单元或客户）与后端（产品或职能）
  — 全球客户或产品线与地方性地域单元

里程碑三：整合

里程碑：你整合了各个部分并明确了权力关系

一旦完成了战略分组，也就是说，一旦为主要组织单元制定了框架，那就是时候开始考虑整合了。整合的目的是把各个部分重新联系在一起，这样工作、决策制定及沟通就可以横向和纵向地运作起来。这对于矩阵组织来说尤其重要，因为矩阵在很大程度上是能够创造跨边界团队合作的有力形式。

战略分组和整合决策的根本都是关于权力和复杂性的选择。权力是通过设计或随时间推移而变化的个性和公司历史融入组织中的。权力被纵向地嵌入组织，形式是通过组织的汇报层级来下放权力；同时，通过决策权和文化规范，权力也被横向地嵌入组织，这决定了在何时一个业务单元或部门的观点支配另一个业务单元或部门的观点，以及在何时它们必须合作。在许多公司，管理横向的权力问题变得非常重要。同时，由于以下一些原因，它们变得越来越困难：

- 当今的发展战略要求相互竞争的优先事项能够跨越边界进行平衡，特别是在地域市场管理与全球产品、品牌或品类管理方面。
- 大多数行业的创新都需要业务线、地域单元和职能部门，以及外部的客户和供应商之间更大程度的整合。
- 支持业务增长的地域覆盖范围发生了巨大的变化，传统的区域结构过时了——通常需要提升新兴市场的地位，来确保得到更多的管理层的关注。
- 公司职能部门如今需要更有力的手段，来为整个职能部门设定全球优先事项及进行资源分配——通常地方和全球业务单元会横向地发生冲突。
- 降低成本和跨业务利用公司关键资源的压力仍然巨大——尤其是当各业务必须在成本方面互相竞争时。

整合策略有多种形式，可以从加尔布雷斯开发的一个范围模型中来看这些策略。

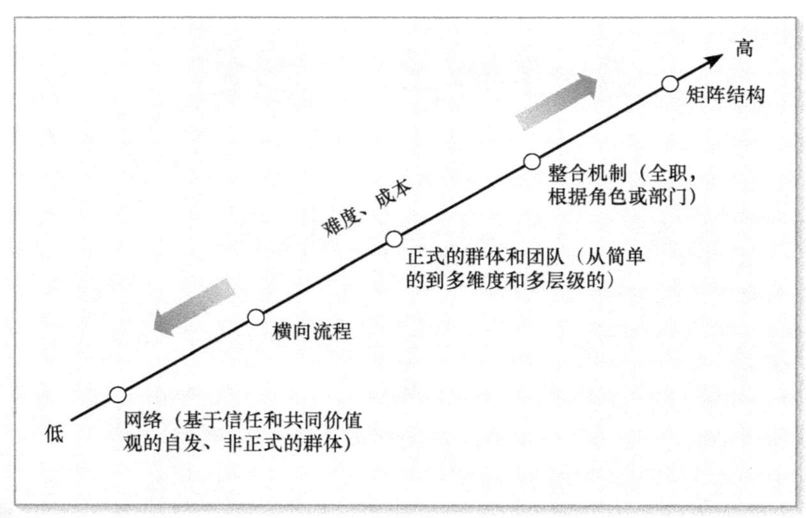

范围模型

范围模型左边代表整合程度轻的机制，协作是被鼓励而不是强制的。范围模型右边的机制融入了协作的权责。可以假设，左边的流程和互动方式，如网络和委员会需要更多的管理时间，而右边的固有整合机制是自发的，需要的时间更少。事实上，所有的整合方法都需要得到管理层的关注。当矩阵处于“自动”模式时，在没有监督和高级领导者关注的情况下，很可能会导致机能失常。

与右边更具结构性的解决方案相比，偏向左边的选择则具有更为灵活和成本更低的优势。但是，左边的选择仍然需要被有意地设计、构建和管理，使之发挥作用。像宝洁、耐克和思科这些公司已经建立了完善的网络和委员会，但在大多数环境中，使网络和委员会制度化并不容易。

思科在这方面是一个有趣的例子。思科的核心是职能导向型结构，大多数员工都处于工程或销售职位。领导层一直不愿意放弃这种设计所具有的效率。围绕市场细分而确定的跨职能业务委员会由高级管理人员组成，并且他们在其中投入了大量时间。最初，使思科的委员会变得有效是非常艰难的。如今，他们推动在决策方面达成共识，这些决策将由职能部门执行。在这种协作还没实现之前，一些高管人员不得不离开公司。在需要跨职能应对的竞争形势下，思科的委员会特别有效。

当然，“委员会”在一家公司中获得成功，在另一家公司中也可能成为官僚政治的噩梦。哪种整合机制对于某一特定企业是最合适的呢？答案需要由期望构建的能力及公司的运营模式来决定。在本书的这一部分，我们会：

1. 介绍用于设计和平衡复杂矩阵组织中权力关系的治理杠杆模型。

2. 提供一个案例研究，说明公司如何有意识地成功运用杠杆进行权力分配，并将权力从地域和产品单元转移到组织中一个新的全球品类维度。

3. 说明如何设计职能部门（人力资源、信息技术、财务、法律、市场营销和供应链），来发挥其更积极的整合作用，同时为公司带来更大的价值。

第 8 章

运营治理的设计

在管理时间和关注力方面，整合和协作的成本是非常高的。花费时间与同事进行商议就浪费了与客户和员工在一起的时间。在不产生价值的地方强制进行整合，会减慢公司发展的速度并浪费资源。如果管理团队清楚地了解各个单元之间应该如何相互关联——公司的运营模式——这些团队制定决策和推进的速度会比没有清晰认知的团队更快。运营模式决定了组织单元需要在哪些地方联系在一起，以及联系的紧密程度。就像能力一样，运营模式影响设计过程中的每个步骤（见图 8.1），尤其是对整合阶段。

运营模式

在控股公司中，决策的制定可能非常分散化，会分散至各运营单元，人们对整合的期望非常小。控股公司领导层的工作是资产组合管理——根据财务风险状况和目标对一系列的资产进行管理。控股公司管理层的工作是在业务单元之间分配资金，然后授权，决定如何在每个单元内部分配这些资金。各业务单元几乎不

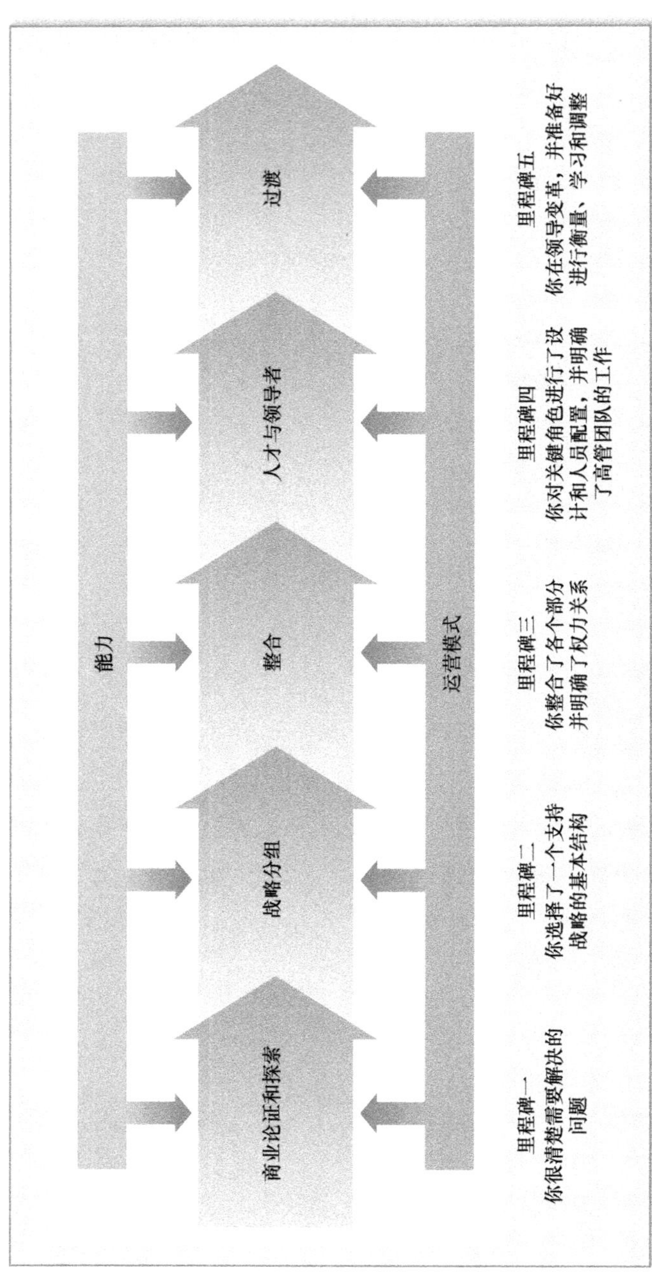

图8.1 运营模式影响设计过程中的每个步骤

需要或根本不需要共同的流程、方法，甚至是协同。这些控股公司的执行委员会不是团队，只是群体，相互依赖程度很小。职能部门精简，并且在运营单元中的影响力有限。如果采用这种运营模式的公司中存在一个矩阵，它将非常简单，而且作用也会非常有限。控股公司通常会选择对单元之间的整合进行限制，从而能够剥离没有达到所规定的财务标准的资产。单元之间结合得越松散，当它们不再适合资产组合战略时，将它们剥离也就越容易。

相反，在一个完全整合的单一业务的公司中，管理层的工作是执行竞争性战略——在市场中通过竞争来赢得利润。公司的职能部门直接为运营人员提供支持，期望产生协同作用，而执行委员会需要成为一个紧密团结的运营团队。在这种运营模式中，权力的界限往往非常清晰。如果存在一个矩阵，它往往是一个简单的矩阵，通常将职能连接到地域单元之中。

但是，这两种极端情况——控股公司和单一业务公司——并不代表当今多数大型组织。相反，大部分公司的运营模式处于这两者之间，具有一系列相互关联的业务，它们必须共享共同的基础设施。没有一种运营模式肯定会比另一种更好，但我们的确需要选择一种运营模式。做出的选择会影响战略分组和整合决策，表 8.1 总结了各种运营模式的特点。

表 8.1　四种运营模式及其特点

I. 整合的 （单一业务）	II. 部门的 （紧密关联的组合）	III. 混合的 （松散关联的组合）	IV. 控股公司 （企业集团）
• 相关联的战略指导着所有损益单元，但略有不同	• 创建互补的业务组合及核心战略	• 各单元使用共同的方法来制定单元的战略	• 战略从财务资产组合开始
• 指导来自组织的“中心”	• 预期通过共同的流程，包括合并前端和后端运营来实现协同作用	• 少量却重要的流程和系统是共享的（如采购、电子商务）	• 业务单元将财务状况反馈给母公司
• 所有流程和方法都是通用的	• 资源分配的决策由执行委员会制定	• 预期在各单元之间会有一些人才流动	• 预期不会有共同的流程
• 领导职位只有一个人才库	• 单一公司的人才管理方法很典型	• 只有通过具体的共享服务，才能实现协同作用	• 各单元之间的人才流动很少

续表

I. 整合的（单一业务）	II. 部门的（紧密关联的组合）	III. 混合的（松散关联的组合）	IV. 控股公司（企业集团）
• 预期会有许多协同作用	• 在可能的情况下，强大的公司职能部门会以共同的政策来支持业务单元	• 通过公司对资本、人才和知识的监督来增加价值	• 预期没有协同作用
• 强大的中心化职能部门很常见	• 建立单一的文化和共同价值观	• 公司职能推动最佳实践	• 保留多种文化
• 建立了强大的公司员工队伍			• 公司员工人数少，专注于信托角色
• 执行委员会作为一个紧密团结的运营团队进行工作			
• 简单的矩阵或无矩阵	• 复杂的矩阵	• 中等复杂程度的矩阵	• 简单的矩阵或无矩阵

对于管理一系列互相关联业务的公司来说，整合的问题最为复杂。当今环境使得整合的问题更加困难。市场的动荡需要更大程度上的组织敏捷。敏捷的一种重要形式是资产组合敏捷，即快速将资本和人力资源非均衡地从一种业务、品类或产品转移至另一种业务、品类或产品的能力。业务单元越是自主，被授予的权力就越多，在这些业务单元之间重新调整投资优先级也就越困难。当担任总经理职位的领导者都很强大且经验丰富时，公司的高级管理人员就不会愿意干涉他们的决策，也不愿意做出艰难的选择——公司哪部分业务应获得较少的投资，哪部分业务应获得充足的投资。公司业务间的这种“平等”对创新投资尤其不利。权力和资源的分配是公司业务领导层的工作，这些决策的制定不仅仅在公司的最高层级，也包括地区和业务单元中的多个层级。

运营治理是指公司的管理者如何通过层级、政策和控制将决策的制定在组织中进行纵向授权，并在职能部门和业务单元之间横向确立决策权。运营治理是经过设计或偶然产生的用来分配权力的过程。通过治理进行权力的分配是组织设计的核心。

实际上，运营治理就是在各角色之间对决策权进行安排。它影响全球和地域单元之间的互动、中心主导的职能部门和运营部门之间的互动，甚至内部团体和外部合作伙伴之间的互动。

清晰的运营治理方法是使矩阵中的紧张关系公司的客户、负责人和员工所用的关键。表 8.2 列出了全球产品部和地区总经理之间存在潜在紧张关系的方面。

表 8.2　全球产品部和地区总经理之间存在潜在紧张关系的方面

全球产品部	地区总经理
中心确定产品投资重点——新技术（数量更少、金额更大的投资）	各地区期望在产品创造优先级上有强大的发言权，并且继续对当地的创新提供资金
全球产品标准、规格和定价通道被纳入政策之中	地域单元设法使产品适应当地客户或消费者的需求，并期望在战术定价方面有自由度
中心确保品牌管理的所有方面与定位保持一致	各地区希望品牌“故事”与当地消费者相关
中心提供最佳实践和指导方针来开发当地的媒体战略	各地区迫切希望媒体战略能与当地相关，并管理其实施过程
中心为主要的广告宣传活动提供全球可复制的战略	各地区定制全球的宣传活动，以最大限度地产生影响
中心为全球设定需求创造预算	地区为地域单元设定需求创造预算

治理杠杆

运用矩阵来整合组织的多个维度会产生复杂的权力动态，需要管理层的高度关注。领导者总是面对太多的机会和风险，拥有的资源却太少，有限的管理层的关注是业务执行中的一个根本限制。正如股票、资产和投资资本应该被审慎而明智地运用，以确保合适的回报，管理时间和关注力作为稀缺和宝贵的资源也应如此被运用。当复杂组织中的权力动态设计得不合理时，造成的后果是决策制定时间拖长、沟通误解，以及因互相竞争的优先事项而引起摩擦。为了客户、员工和负责人的最佳利益而高效地协调自然产生的紧张关系，这样才会产生积极的管理回报。

许多工具已经被开发出来，可以用来明确角色和职责，首先是沙因开发的

RACI 图表，该图表澄清了谁对决策负有职责（Responsible）并承担权责（Accountable），必须咨询（Consulted）谁，必须告知（Informed）谁。RACI 近年来被更新升级为 RAPID——建议（Recommend）、同意（Agree）、执行（Perform）、贡献意见（Input）、决策（Decision）——其目标同样也是为了清晰地确定谁拥有决策权。

许多管理者和组织发展专业人士都非常精通这些决策工具的运用，这些工具对于在流程中制定简单的决策非常有效。一旦决策变得更为复杂，就需要协作而不是授权，需要细致入微的权衡而不是标准的简单应用，仅仅运用这些工具并不会那么有效。当从系统性和行为化的视角来考虑运营治理，而这些工具是其中一部分时——当有一个框架来定义权力关系、边界、控制点及人们对于公司运营的共同信念时，这些工具才更可能发挥作用和效果。

我们将西蒙斯（Simons）的控制杠杆模型进行了改编，形成一个新的模型，用于设计复杂多维度组织的权力动态。该模型作为一种方法，使领导者有意识地将治理作为战略执行的一部分，并且提供了框架，使决策权的工具能够通过框架得到有效运用。

这四项控制杠杆用于激活和引导与公司战略相关的资源。在西蒙斯的原著中，这些战略执行的杠杆被定义为：

1．信念系统，用于鼓励并引导寻找新机遇。

2．互动网络，用于促进组织的学习及新思路和新战略的出现。

3．边界系统，用于对寻找机遇的行为设定限制。

4．诊断控制系统，用于监控和激励具体目标的实现。

这四项杠杆被分成两组对立的力量——可以理解为有效战略实施的阴阳两面。其中两项控制杠杆——信念系统和互动网络——产生了积极和鼓舞人心的力量，它们推动创新思维的产生。另两项杠杆——边界系统和诊断控制系统——设定了限制并确保合规，从而集中管理层的关注，从会分散关注重点的活动或对战略不重要的活动上转移开来。该模型如图 8.2 所示。

通过在这些互相竞争的杠杆之间建立适当的平衡，并提供有效的决策规则，可以实现最佳的管理回报率。我们认为矩阵的治理意味着要在这些力量中找到平衡点。弱化或过度控制矩阵中任何一个关键轴都会破坏主动性、创造性及产生的价值。如果给予矩阵中所有轴无限的自由又会导致缺乏焦点、管理回报率低及执行不力。

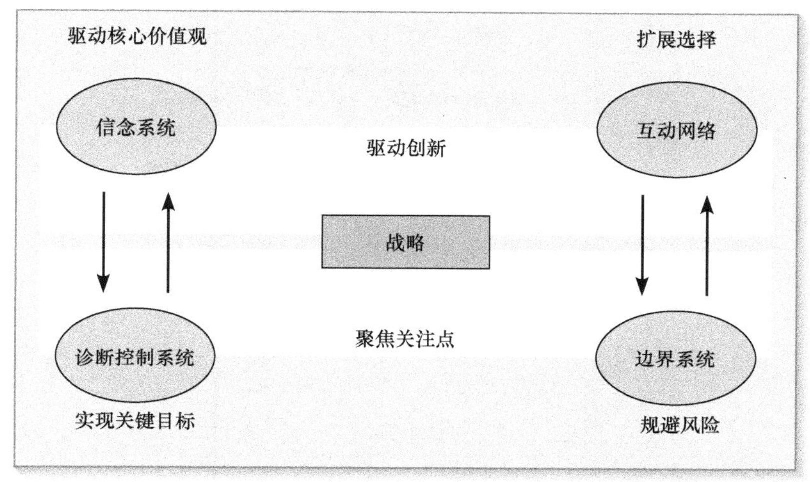

图 8.2　四项控制杠杆

矩阵的治理

我们选择将其称为四项治理杠杆是为了达到我们的目的，这四项治理杠杆通过协调角色之间健康的紧张关系，使矩阵能充分发挥作用。这些杠杆采用全面的整合机制——网络、连接流程、团队和集成角色——支持矩阵。图 8.3 列出了一些行动项目，我们发现这些行动项目对于每项杠杆都是有用的。目标是建立正确的战术组合，来支持我们寻求的能力。接下来的部分将详细讨论每项杠杆。

信念系统。信念是一组清晰、明确的组织规范，高级管理者通过对信念的沟通和强化，从而为组织提供价值观、目标和方向。信念鼓励人们寻求提升价值的机会，并指导管理者基于期望对内部和外部关系进行管理。

信念在拥有强大文化和领导规范的公司中最有可能收获成果。明确定义的公司愿景可以产生共同的信念。例如，宝洁公司的首席执行官拉夫雷（Lafley）非常成功地建立了一种共识，即公司以其健康、美容和家庭护理产品改善了发达市场和新兴市场中人们的生活。这些核心价值观创造了一个共同的目标，对广泛分布的品类、地域和职能领导者的能量进行整合，这些领导者必须在一个矩阵中工作，将全球品牌带入地方市场。

图 8.3 平衡权力的有效策略示例（四项治理杠杆中每一项的运用）

以下是奠定了共同信念这一坚实基础的公司所使用的一些行动项目和工具：

- 公司愿景和价值观。大多数员工都对公司愿景非常感兴趣，希望成为具有明确方向和价值观的公司的一员。
- 直接的管理互动。为应对挑战和冲突，人员直接与高层领导者进行的互动越多，信念的一致程度就会越高。我们看到，公司的高管非常积极地参与跨边界问题的处理，这是非常不容易做到的；直接互动是为协同工作方式树立榜样的最佳机会。
- 客户拜访。客户拜访是树立正确规范榜样的机会。例如，在可口可乐公司，当高管对当地市场进行拜访时，他们会和当地销售和特许经营人员一起走在曼谷、墨西哥城、马德里和纽约的街头，不但会与重要的零售商进行交流，也会与商店店主进行交流。

- 内部教育计划。这是用来教授对于公司战略和执行中组织角色的理解，以及传达驱动决策制定的关键原则的机会。英特尔公司提供关于如何管理矩阵中冲突的培训，并要求所有新员工参加培训。
- 公司社会责任的承诺。公司社会责任有助于维持外部对公司的看法，并逐渐成为世界各地团队的共同关注点；跨职能团队的工作地点通常都相隔遥远。关于公司社会责任的体验不仅能解决具体的问题，还能让人员更加认同公司的价值观。
- 高管演讲和博客。高管向内部和外部受众传递关键信息，这些信息可用来使整个管理团队的期望保持一致。许多高管现在定期地发布博客，这有助于大家针对影响公司的复杂问题达成共识。

互动网络。开拓市场需要组织打破限制性的搜索常规。网络是创新和应变的催化剂。设计完善的网络使员工可以跨越节点进行工作，审视环境并共享信息和见解。通过接触不同的观点来促进创造力，这是矩阵组织的目的之一。人们聚在一起挑战彼此，讨论选择，并产生可能永远不会在一个独立的业务单元中出现的想法。

如果公司的传统非常注重对话和关系建立，那么互动治理的实践做法会更容易实施。巴特利特（Bartlett）和戈沙尔（Ghoshal）提出了关系和其他“软性”流程的重要性，这些流程是跨越组织和地区的边界建立矩阵的有效手段。整合策略是需要积累的，在发展成多维度矩阵形式之前，必须先精通建立和管理网络与团队。

百事可乐公司的前首席市场营销官安东尼奥·卢西奥（Antonio Lucio）简单介绍了这个品牌巨头采用的互动治理的一个例子。他的目标是让地方的市场营销人员和装瓶厂获得成功。卢西奥解释道：

我们通过自下而上、高度参与和互动的过程来运营。它很漫长和耗时，却非常有效。有一个委员会——由来自全世界 29 个国家的人员组成——推动着我们所做的一切。在百事可乐公司，当地的市场营销人员拥有在当地的品牌打造权力。

在中心，我们所做的是提供一个项目菜单，首先也是最重要的一点是，菜单是由当地人员协助开发的。他们为我们在中心所做的一切，以及在开发过程中的每一步，都贡献自己的力量——从广告宣传到产品开发。

以下是建立有效网络的一些实践做法：

- 全球业务规划团队。在制订投资计划以建立所有权之前，指派来自世界各地的参与者更新战略规划或完成新产品规划；让客户和外部专家参与到过程之中以拓展思维。
- 高管人才盘点和人才流动。向组织明确表示，具有全球化思维的人员以及愿意横向转移到其他业务和职能部门的人员，将被公开表彰并晋升至关键的职位。为了转移矩阵中的权力，启用更强大的领导者来负责矩阵中的某一个轴。
- 集中办公的安排。通过安排工作空间来建立紧密的工作联系，这样，那些应该定期互动的人员就可以不顾及汇报关系而进行互动；可以将专业知识中心置于工作现场，靠近内部客户的地方。
- 正式的网络和委员会。围绕缺乏公司权力中心的关键客户、平台技术、品牌或关键职能部门建立常设的跨部门委员会。西班牙时尚巨头 ZARA 一直非常成功，其拥有常设的、与地方市场保持频繁联系的跨职能设计团队。这些网络几乎可以在所有文化中都非常有效地运行，从而跨国家和职能部门进行治理。
- 分销商和合作伙伴论坛。许多公司与分销商和其他外部合作伙伴保持着正式和非正式的互动论坛来建立连接。这些关系不仅巩固了外部合作，也强化了内部信念。
- 行动学习团队。将行动学习团队带到新兴市场所在的地点，让团队成员接触不同的思想、客户及挑战。让来自矩阵中不同轴的高级管理人员参与进来，并要求他们进行合作，选出最佳的实施想法。
- 创意团队。与来自全球的各类不同人员共同进行新产品的构思，并确保让能够将这些想法付诸行动的人员都参与该过程。

边界系统。边界是大多数治理工作的重点，明确了必须使用的政策、规则和决策保护机制。边界不应被视为治理的负面或限制性的方面。正如西蒙斯指出的那样，刹车的目的不是让汽车减速，而是让司机快速行驶。清晰的边界创造了一个明确定义的空间，在其中允许一定的自由并能集中创造力。战略、权衡和决策标准的清晰性通过避免冲突的升级来加速决策的制定。

为了保持价值，战略边界限制了在寻求发展和创新的过程中可以争取的机会。例如，在耐克公司，如果地方产品增强功能弱化了或违背了源于中心的品牌故事，这是不被接受的。在高露洁公司，地域业务单元被授权，根据当地的习惯和口味调整产品，但是高露洁经典的红色牙膏的品牌手册非常清楚地表明了品牌被如何定位，并且不得违反其品牌边界。

以下示例是为大型公司创建整合化边界的实践做法。其实大多数公司都在采用这些做法，只是没有将这些做法正式化或没有持续地应用。这些做法能够创造清晰性而不是冲突或混淆。

- 决策权文件。领导者应该学会运用 RACI 和 RAPID 工具，来应对一旦新组织实施后将面临的关键决策点。这些工具只有在困难的业务情形下进行了压力测试才会有效。它们是动态的文件，应该定期地进行重新调整。
- 角色定义。清楚地说明新的组织设计中所有关键职位的职责、衡量指标和选择标准是非常重要的。这些应该作为完整的角色组成要素，一起进行制定。约翰·迪尔（John Deere）采用的一个做法是，在内部网站上发布管理角色的定义，目的是增进对于员工工作和优先事项的共同认知。
- 正式的业务流程。当决策权与业务流程图联系起来时，决策权才更容易被理解，业务流程图指的是定义工作中主要步骤的具象形式。例如，单独的产品小组可以在很大程度上自由运营，只要有一个共同的上市流程在客户的交互界面将它们联系起来。图 8.4 展示了一个大型时装零售商使用的将概念转化为商品的流程。
- 产品标准和控制。在依赖共同系统架构的公司中，只要有一套共同的标准能够确保整合的发生，独立的单元就可以创建模块来满足特定的客户需求。

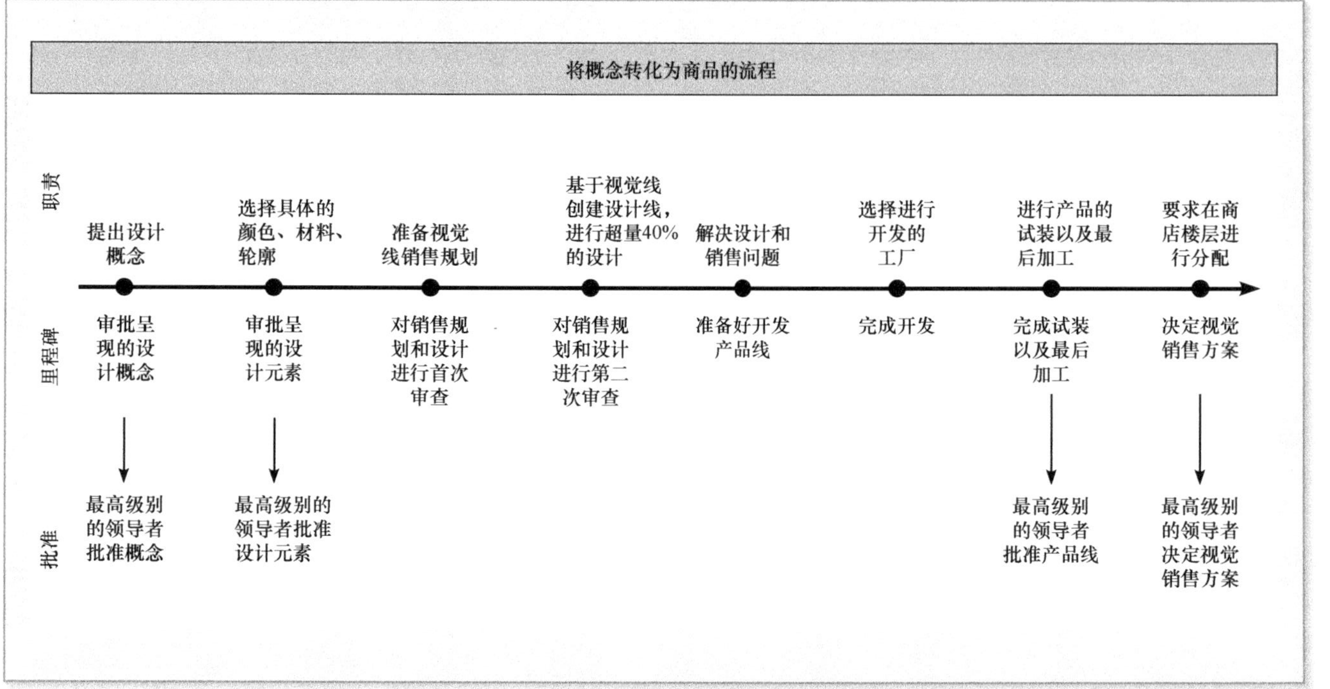

图 8.4　一个大型时装零售商使用的将概念转化为商品的流程

- 人力资源策略与实践。像通用电气这样的公司，几十年来一直要求具体层级上所有职位的人员配置候选人名单都由基于中心的控制点进行协调。这样的做法确保考虑了公司整体的视角。这样的做法和许多其他人力资源实践在整合业务单元及使人员更容易进行跨边界合作方面非常有效。
- 品牌策略。许多公司建立了“品牌之家”组织，将自主权下放给产品管理小组，但坚持品牌资产由中心进行战略性管理。
- 采购策略。即使高度分散化的产品部门也必须经常与由中心主导的采购部门进行协作，以确保公司利用规模优势及对于销售商和供应商的议价权，进行高价值的采购。

诊断控制系统。诊断工具监控与公司战略、目标和信托责任相关的结果和行为。这些措施驱动了公司中正确行为的发生，并使其能够自我修正。诊断包括传统的财务控制措施（如损益表和资产负债表）、关注流程的衡量措施，以及与客户相关的衡量措施，这些措施被用于能力的构建。基于衡量的治理方法一直是在特定能力领域具有优势的公司中进行创新的驱动力，如沃尔玛公司（供应商管理）、戴尔公司（现金和库存管理）和 3M 公司（新产品创造）。

领导者应该运用数据来评估趋势和风险，并制定困难的决策。现在看来很明显，2008 年资本市场的崩溃与缺乏诊断控制机制，以及管理层对于金融衍生品和其背后的抵押债务产生的风险缺乏理解有关。像花旗集团这样的机构中的矩阵组织（围绕三个轴进行组织：客户、地域和产品）已经变得相当复杂，尽管花旗集团不断努力地对各个单元进行整合，但其顶层管理者似乎没有能力管理矩阵内部的权力斗争。

矩阵中最有效且综合化的诊断控制措施能够促进跨边界的对话并解决问题。

- 商业仪表盘。衡量指标是五星模型的一个关键元素；公司想要获得成功，协作职位之间的权责需要保持平衡并达成一致。需要仔细考虑损益的一致性，从而确保每个利润中心不会只考虑尽可能达成自身的成功而损害了公司更大的利益。
- 汇报系统。信息就是力量。通过使数据和绩效易于获取且公开透明的信息管理系统，人们能够更好地了解地方决策对公司绩效产生的影响。

- 目标级联。最强大的整合机制之一就是在整个组织中纵向和横向都发挥效果的统一目标；这一过程应与网络和委员会联系起来，从而最大化各单元之间的承诺和一致性。
- 业务评估。基于团队的业务评估融合了地域单元、全球产品单元和职能部门的参与，这是另一种合理的做法。在面对困难的情况下，团队通过对话和问题解决、共同应对差距，以及测试和讨论决策权来使用诊断程序。
- 个人绩效管理。业务评估应该转化为整个公司的个人绩效评估。在矩阵中，每位人员都有两位上司，这两位上司必须在评估目标和管理绩效方面进行协作。一些公司指定矩阵中的一个轴在最终评估中拥有更大的权重，或者让管理者评估绩效的不同方面。应该扩展这种协作的方法，用于挖掘领导者的个人潜力。这些整合的实践做法作为使矩阵中行为达成一致的方法，其重要性无论被如何强调都不为过。
- 内部和外部的基准标杆与审计。内部和外部的基准标杆都会让人产生不舒服的感觉，但这有助于促发诊断思维。比如宝洁和雀巢这样的公司，几十年来一直将矩阵作为一种方式，坚持要求管理者花时间和他们在全球其他地方的团队共同“搜索并重新应用” 成功的实践做法；北非的可口可乐市场营销人员研究位于拉丁美洲的同事的成功实践做法，寻找可以带回自己地区并重新应用的思路。

什么时候运用杠杆

在组织项目的整合阶段应该对选择运用的杠杆进行阐述。杠杆可以随时进行调整、取消和更新，用来保持和增强组织的有效性。业务执行中的问题通常与治理过程中的失败做法直接相关。以下是执行问题的一些示例，这些示例可能表明是时候采用新的杠杆和策略了：

- 关键客户问题——销售损失或在处理关键客户决策方面出现混乱。
- 新产品发布失败——销售结果不佳、错过截止日期或可靠性方面出现问题。
- 进入关键新兴市场的重复性错误做法——在重要的地域市场取得成功的

努力失败了。

- 在传统业务中开发新的销售渠道遇到困难——旧的业务实践做法限制了新的业务实践做法。
- 缺乏具有国际经验的高管——过度依赖总部所在国家的外派人员，跨国行动失败，或者缺乏接替领导的人才。
- 成本问题——每个新计划都导致了更多资源的投入，却没有资源的移除；比竞争对手的利润率更低。

第 9 章

矩阵中的权力分配：关于治理的案例研究

应用治理杠杆的目标是找到支持组织需要构建的能力的正确组合。Apparel Brands Inc.（ABI；虽然这是一家真实的公司，但名称已更改）的故事展示了有关如何运用（运营治理）框架的宝贵洞见。

ABI 是一个非常成功的服装和配饰品牌营销商，市值 100 亿美元。它的品牌遍布全世界，为公司带来了丰厚的利润。该组织拥有强大的以产品为中心的业务单元，并按地域划分，形成矩阵结构。这样的结构在过去十多年来一直运行顺利。但 ABI 发现，对优质产品的高度关注限制了公司与消费者直接沟通的能力，同时，地域的相对自主性给公司在全球范围内讲述引人瞩目的品牌故事增加了难度。

ABI 领导层制定了一个积极的增长目标，即五年之后将业务规模扩大一倍，他们希望通过更好地协调组织与进一步细分消费者市场来实现这一目标。实现的结果是通过全球性的以消费者为中心的品类而非产品，形成战略决策，其中包括开发、市场营销和管理。在 ABI，品类与产品是不同的，它们是市场细分群体，反映了以消费者为中心的视角。品牌营销人员与高层管理人员合作，定义了五个以生活方式为导向的消费者群体：城市精英、个性主义者、体育爱好者、大都会人群和户外运动者。公司愿景是在全球范围内建立一个强大的以消费者为中心的特权经营门店系统。一个总体的品牌故事将整合所有品类，但每家特权经营门店都有权开发吸引目标消费者的服装系列。这意味着要在上衣、下装、鞋类和配饰的传统产品线中形成新的消费者视角。

在为新品类战略定义以消费者为中心的能力时，原来的结构很明显难以产生符合消费者情况的品类，因为每个产品单元分别按照不同的季节标准上市。户外消费者可能会一起购买的系列产品不会在同一时间而是分几周上市，或者系列产品中有面料、颜色不齐的情况发生。另外，由于区域性的地域单元仍然具有季节性的优先级，因此很难率先发布重大的全球性项目。

ABI 的领导者清楚地看到，新的以消费者为中心的战略要求减少地域自治、减少对产品的关注，以及在公司运营治理中对全球消费者品类有所侧重。所以高层管理人员制定了一套组织设计标准，他们希望在组织内寻求：

- 通过消费者细分创建并维持（内部与外部）关系，并通过消费者视角推动所有决策的制定。
- 提供卓越的消费者体验，包括产品、服务和内容。
- 启用以品类为中心的产品组合，并按照品类同步上市。
- 全球产品组合在当地产品组合中需要占 50%及以上的比重。

这些标准引发了一项战略分组决策，即将产品业务单元重新调整为五个全球性且与消费者品类保持一致的业务单元，并将产品业务单元重新定位为小型化的产品开发职能部门。与品牌营销密切相关的新的组织设计职能部门将为组合带来更多创意。图 9.1 和 9.2 展现了传统结构和新结构。

对于 ABI 来说，矩阵中的紧张关系早已司空见惯，而且人们已经将矩阵看作在 ABI 工作的一部分。但随着新型组织形态的推出，出现混乱和瓶颈的可能性增加了。新的全球品类需要在不损害各区域及关键市场的相关性并保持产品卓越性的前提下，从地域单元和强大的产品单元获得权力。公司品牌营销组织被期待持续保持对“品牌精神”的强有力领导。即使存在有说服力的商业论证及领导层的广泛合作，运营治理的挑战依然是巨大的。

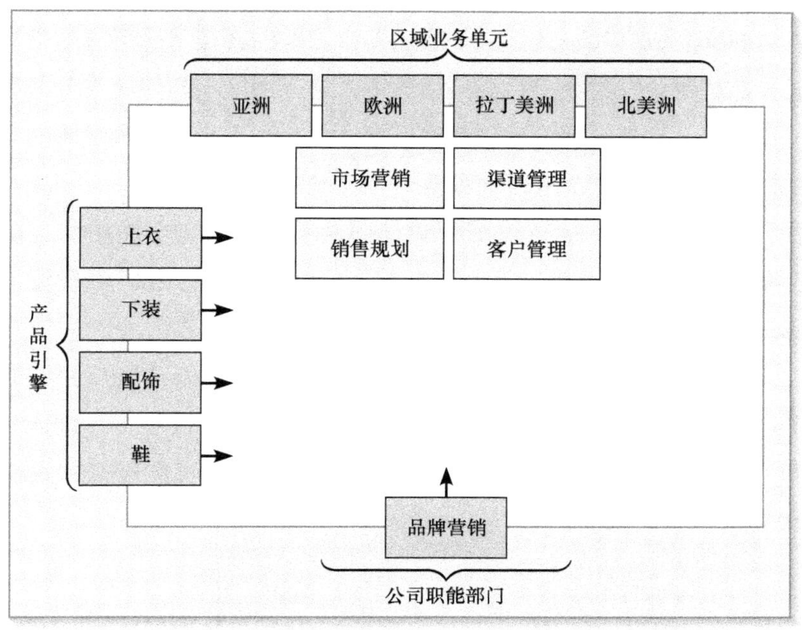

图 9.1　ABI 基于产品及地域的传统结构

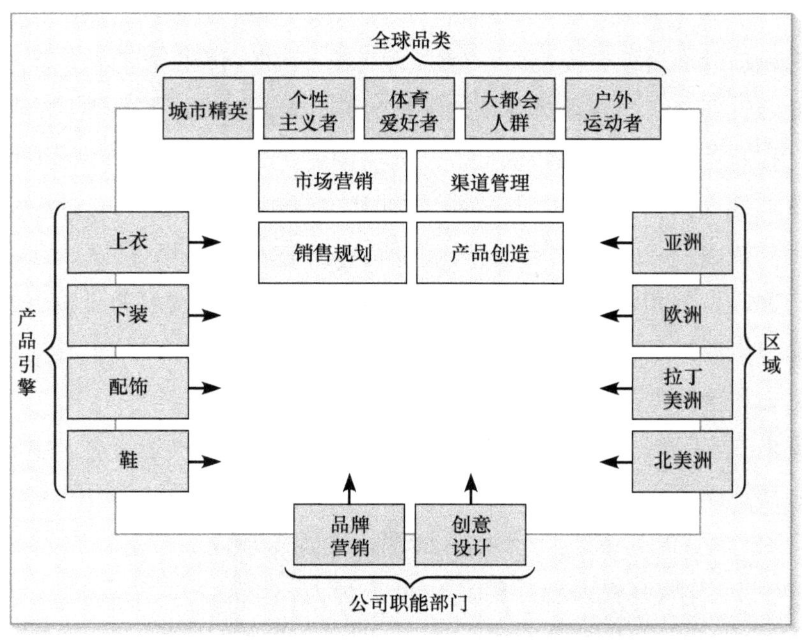

图 9.2　ABI 聚焦客户品类的新结构

在新组织宣布成立后不久，由首席运营官和他的直接下属组成的指导委员会开始积极管理过渡。在指导委员会的指导下，各子团队一开始就被分配完成若干平行的工作流程，旨在实现首席运营官所描述的公司有史以来最艰难的变革。四项治理杠杆被用作指导变革战略的框架。

在各种工作流程中，有一个流程设计团队负责定义一个通用的上市流程，所有品类都将使用这个流程，确保每个季节都有协调的方法。流程设计人员因为难以确定谁在流程中的每个关键环节拥有决策权而陷入困境。如锁定全球产品设计、设置全球产品组合、规划全球发布和广告活动等决策，并不能简单地在 RACI 或 RAPID 图表中反映出来。挑战是在整个上市过程中，管理品类、地域单元和其他职能部门之间紧张关系的同时，还要以尽可能最好的方式服务消费者和股东。

ABI 的信念杠杆

信念应该助推组织寻找机会。ABI 多年来一直将代表信念的价值观声明作为管理流程的一部分。指导委员会超越了公司价值观，以指导新品类结构的实施。首席执行官和首席运营官共同拟定了一份领导文件，列出了五个不同消费群体中正在发生的令人兴奋的趋势，这些对于 ABI 来说是核心机遇。文件还描述了竞争对手的转变及更大范围的商情预测，所有这些构成了一个有说服力的商业论证。他们进行外部和内部的路演，大力塑造关于公司未来发展前景的信念，给股东的信息与给内部员工的信息完全一致。执行团队充满激情，他们根据真实的消费者洞察力和全球市场数据精心地描述了商业论证。

与许多知名品牌公司一样，对品牌的信心是 ABI 的核心信念。领导层利用这种信心使组织围绕品牌的力量团结起来，有效撬动新发展结构中的积极增长。

团队合作是 ABI 的另一个核心信念。高层管理人员理解，在运营一个新的业务单元的同时将权力转移给新一批经理人，这种情况下保持协作文化是非常困难的，因为人们期待这批经理人比过去这个业务单元的负责人更快、更果断地采取行动。所以首席运营官决定，他会尽最大可能安排时间去辅导各区域团队平稳过渡。因其在公司长期任职，他对于新的治理方式可以给出可靠的建议。

ABI 的互动网络

互动网络是组织学习的核心。互动网络使领导者可以考虑市场和经济的未来变化，并提醒主要人员了解企业未来不断变化的需求。互动网络帮助人们在组织内部创建对话、对战略进行修订，以及对其他三项治理杠杆进行修订。

在 ABI，团队成员集中办公，这是各品类团队的组织原则关键。虽然品类团队中的大多数职能人员仍然受制于职能中心，但是他们与各品类团队的办公室都位于大型仓库般的、多彩明亮的空间中，这些空间中几乎没有墙（除了那些用于展示图纸和想法的墙），设计师、营销人员、开发人员和财务人员互动不断。他们欢迎外来客人——那些代表目标市场的消费者——进入工作区。

新组织所要求的委员会比过去的委员会更为正式。制定销售规划是整个公司必须提高的关键能力之一，不过公司对于就此建立一个新职能部门的意愿很小。相反，各品类团队和产品单元的销售规划人员组成了一个委员会，目标是重新定义角色和关键能力、重新培训现有员工并积极招募更多的人才。

很少有比互动式人才盘点影响更大的治理方式。ABI 的首席人力资源官积极地致力于推动公司的人才论坛发挥重要作用。新管理方式包括将矩阵从以产品和地域为中心过渡到更加注重职能和品类，以及在整个公司的招聘和晋升决策中运用“51%投票权”作为对领导者的评估方式。新的流程需要开放和透明的对话——职能部门、品类团队和区域领导者对共享人才的评估进行比较和讨论，在论坛中至少由两个层级的管理者进行人才决策。经过两年的变革，组织会取得令人惊讶的行为变化，ABI 也不例外。

互动型业务规划是 ABI 管理决策的另一个有力杠杆。在新组织的第一年战略规划中，以品类为中心的战略视角取代了以产品和地域为中心的战略视角。最初的战略会议很尴尬，当品类总经理呈现他们的商业案例时，产品和区域领导者不知道该说些什么。但后者学习得很快，不久就将品类战略转化为年度和季度的产品上市计划了。

全球领导层通过开会决定未来三个或更多季度的服装系列。欧洲管理者认为美国领导者无法做出适合欧洲消费者的时尚选择。但是，高度互动的治理流程确保来自世界各地强烈的、以消费者为中心的声音被纳入决策中。当然期间也会犯错误——在某些品类中，全球中心对创建“全球产品”的想法超出了其能力。在另一些品类中，独断的区域经理拖了整个流程的后腿。但是这些问题都在第二个周期进行了调整，大家吸取了教训，取得了良好的结果。

在进行了两个周期的产品上市计划后的一个主要结论是，这个流程过于烦琐，每次都需要集结过多人员，运营费用也非常昂贵。于是必须考虑获得投入和所有权的更有效的做法。然而，回看整个流程，一开始的过度参与正是建立信任的必要步骤。几个周期过后，大家开始相信其他人可以代表自己行事，此时只需要更少的人员来有效参与某些决策讨论，从而简化了决策制定的过程。

ABI 的边界

边界对团队和个人寻找机会施加了限制。品牌是 ABI 的核心，它是很多创造力的灵感来源。所以也有一些限制措施，旨在避免公司内部及其加盟商和零售合作伙伴削弱品牌的决策和行为。

在矩阵中，供应链职能部门一直以来并没有在公司中占据重要的地位。但在新兴的品类结构中，需要加强其作用，以提高采购支出的经济性——这成了战略调整日益重要的因素。在横向重新平衡权力的过程中，供应链职能部门得到进一步集中，并在产品上市过程中获得了决策权。

在 18 个月内，为矩阵中的每个轴明确定义角色后，指导委员会为产品上市流程制定一组决策权，明确谁拥有多个关键决策点的决策权。这些内容在整个公司范围内得到了广泛应用，并在此过程中进行了修正，直到每个职能部门和业务单元都在这套流程中找到了适合自己的位置。两年后，基于过去两年新品类组织的经验，第二次评审引发了更多修改和调整。表 9.1 显示了 ABI 品类营销决策权工作样本。

表 9.1 ABI 品类营销决策权工作样本

	角色			
决策问题	品类	产品引擎	区域	品牌营销
明确品类的设计思路	D		I	R
设计产品，决定具体特征	R	D	I	
写出产品简述	I	D	P	R
选择颜色和材料	D	R	I	
设置一致的产品创造日程表	R	D	P	
管理产品创造阶段	P			
衡量创新的表现	D	I	I	R

R=建议；A=同意；P=执行；I=贡献意见；D=决策

ABI 的诊断措施

ABI 没有历史数据可以进行有效对比衡量，但相较于其他高级领导者，新的全球品类总经理角色必须被有效评估。指导委员会成员一同为所有关键角色制定了衡量方案，明确了对于各个品类的市场衡量标准。制定卓越的产品创新和品牌战略，基于不同品类确定价格和增加收入的能力，将盈利能力的衡量指标设定为毛利率。根据区域总经理向零售客户销售的能力，以及对消费者的销售影响，分配了营业收入指标。由于区域继续拥有公司的大部分资产和人员，因此区域也需要承担公司成本。重新调整汇报系统是一项挑战，需要在过渡期间进行两年的人工汇报。为了持续不断地促成结果的完成，公司建立了稳健的绩效评估和其他管理程序。

在最初的组织重新设计之后，ABI 管理层在三年的时间内一直关注设置、调整和重新调整杠杆。图 9.3 总结了 ABI 如何应用治理杠杆模型。

ABI 案例提供的启发

1．四项治理杠杆必须相互匹配并整合为一个整体，才能有效地在各单元之间创造纵向和横向力量的最佳平衡，之后创建的任何决策规则都需要反映所需的平衡。

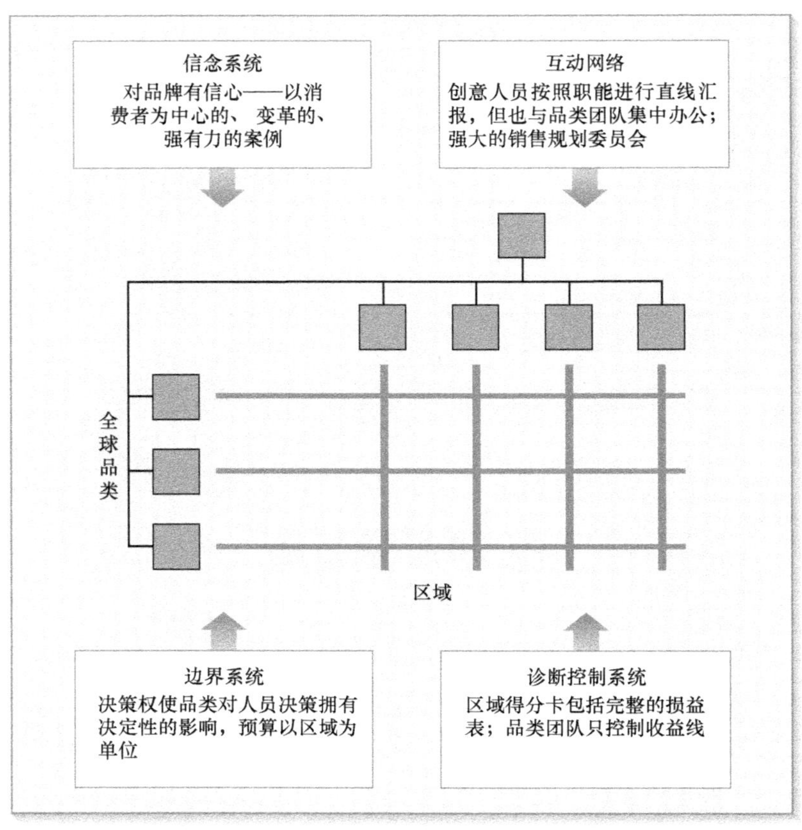

图 9.3 ABI 重新平衡矩阵中权力的治理杠杆

2．从本质上讲，一些组织单元（如产品开发）倾向于作为发散和创新的催化剂，而其他组织单元（如财务）则负责限制机会并集中关注力。应该考虑一些现实情况，来平衡矩阵中给出的每种形式的正式权力。

3．在特定的文化中，四项杠杆中的每一项或多或少都是有用的。应该注意通过引入适应文化的做法或选择挑战文化的做法来更好地实现目标。两者可能都是合适的，但应该深思熟虑，以便做出恰当的选择。

4．ABI 的文化对新想法保持开放，许多保守的公司发现这样的做法比较困难。正确的互动做法对于保持领导层与重要的外部力量的联系至关重要。控制很重要，但治理也必须有助于促进公司对新想法持开放态度。

5．有效矩阵中的管理时间成本高于简单结构。复杂性、决策延迟、长时间的内部讨论可能令人沮丧，决策质量的差距可能令人烦恼。因此，当查看决策规则和运营治理框架时，管理者不应以框架的漂亮优雅为指导，而应以管理时间和费用的回报为指导。给更多的人提供更多投入，是会提高决策质量，还是会在无休止的过程中扼杀了主动性？

第10章

重塑职能部门成为整合者

职能（包括人力资源、财务、信息技术、法律、市场营销和供应链）部门可以将密切相关的业务组合在一起。各职能部门整合各运营单元的方式是：人力资源部门通过提供通用的人员选拔方法、与正确的奖励机制保持一致，以及将领导型人才作为可以跨业务重新部署的企业范围的整体资产来整合运营单元；财务部门通过推动共同的衡量系统、设定财务目标，以及帮助确保资本转移到投资组合中的合适位置来整合运营单元；信息技术、法律和供应链等部门在将单独的组织组成部分组合在一起时也扮演着与单独的组织组成部分类似的角色。从业务部门的协同作用中获益的机会越多，职能部门充当整合者的机会也越大。

企业问题

当今的企业中心职能部门往往很难确定其为企业增长所贡献的独特价值。在许多企业中，员工遭遇身份危机，而且顶级人才被各运营单元的高职位所吸引，而不是企业中心职能部门的职位。例如，部门总裁经常偏爱他们自己的人力资源合作伙伴，但给人力资源职能部门的评分很低，并且不断努力降低企业中心职能部门分配的成本。角色和决策权的冲突变得司空见惯，员工对自己产生影响的能力变化感到沮丧，连续几轮成本削减不可避免地导致了能力的下降。这种现象在企业层面、部门之间、区域层面、地方之间不断重复。

在创建有效的财务、人力资源和信息技术职能部门方面取得最大进步的企业，会密切关注工作的生成方式和生成地点。它们将职能部门视为重要的信息渠道和横向整合机构，而不仅仅是合规或服务主体。职能部门持续传递正确的信息，帮助企业更好地制定业务决策。

已经接受了“端到端”职能部门设计挑战的这些企业，意味着要审视中心、跨地域单元和跨业务单元的所有活动和资源，以便重新考虑总体成本和职能部门对业务的影响。挑战始于可见性，因为在许多组织中，甚至很难确定世界范围内财务部门一共有多少人。

在“端到端”职能部门设计中，价值框架先被转换为交付模型，然后被转换为组织结构。独立但相互关联的“中心”和“地区”被设计为有整合能力的部门。人力资源部门是一个很好的例子，可以用来说明设计“端到端”职能部门的优势，这种分析适用于任何支持性职能部门。在传统方式中，“全球”责任分配给中心，中心负责管理总体人力资源战略及明确定义的企业人力资源活动和资源，以实现企业的更大利益。在传统方式中，地区和业务人力资源团队与业务领导者保持密切联系。他们的费用包括在企业预算内，在实践和人员配置方面有相当大的余地。在许多企业，他们制订企业计划以满足当地需求，通过这种受欢迎的方式有望创建有效的“战略业务合作伙伴”。拥有能干的合作伙伴的商业领袖通常对他们得到的本地支持感到满意。但是，这个模型错失了利用人力资源职能部门整合企业的机会。通常情况下，你会发现：

- 核心人力资源流程、可交付成果和对业务的影响，这三者缺乏一致性。
- 人力资源技能和人才需求差异较大。
- 由于职能资源的激增以及各单元之间的冗余，人力资源总成本较高。
- 跨运营单元的信息、最佳实践共享和人才流动有限。

相比之下，“端到端”模型确立了整个职能部门的全球人力资源责任。当地的人力资源通常会继续向企业领导者汇报，但也会对中心负责或通过矩阵形式报告。结果是，尽管中心成本上升了，但整体成本降低了，并且对核心实践采用了一致的方法。也许更重要的是，服务自动化的潜力可以得到充分挖掘；通过重新设计流程，整个企业的服务交付可以得到极大改善。

当然，与任何结构一样，“端到端”模型也存在权衡取舍。在“端到端”模型中，风险是中心缺乏响应能力。随着权力转移到中心，整合并创造一致性的要求使得变化不能增加价值，于是中心倾向于发号施令，不再促进业务单元的工作，决策制定减缓，思想和创新受到限制，从而成为瓶颈。造成权力转移的这种可预测和消极后果的原因是对于中心的作用缺乏明确认识。只是定义中心和地区的划分太过于简单，事实上，“中心人员”并不一定是指办公室里的工作和坐着的人员。企业变得越来越有创造性，将中心留在地域单元中，与业务、客户和员工保持密切联系，这有助于更有效地讨论集中与分散的争议。

“中心”作为职能部门扮演着三个不同的角色。如果清晰表达并配备适当的人员，中心就会成为战略的推动者，而不是被视为不合理的开销机构。

企业中心的价值交付框架

职能部门以中心为主导的部分可以围绕“三个盒子”价值交付框架设计，这有助于确保最佳的整合优势。框架中的三个不同角色是：

1. 职能监督者和战略规划提出者。
2. 思想引领者。
3. 精选服务者。

所有支持职能部门的工作应该属于三个角色之一，并且应该遵守伴随该工作的“规则”。不符合三者之一的工作应该考虑被消除。图 10.1 总结了这些角色和规则。

职能监督者和战略规划提出者

职能监督和战略规划提出是最高职能主管和一小组团队成员的工作。这是一项政策性工作，需要一定的权力，以便在必要时实现合规性，并适合企业的治理模式。该职能部门的作用是制定策略以解决棘手的问题。在财务领域，它可能包括管理债务和股权、管理货币波动或为战略计划提供资金。在人力资源领域，它可能包括如何寻找和激励合适的人才、塑造文化、培养未来的领导者，以及管理人员成本。部门产出应与企业业务模式相关联，并且适合其规模和地域复杂性，数量不多但稳健。

	职能监督者和战略规划提出者	思想引领者	精选服务者
关键活动	• 战略、政策 • 全球标准，战略中关键优先级的管理工作 • 信托控制	• 专业知识中心 • 最佳实践和衡量指标 • 发展优先能力 • 部门顾问	• 指导最佳服务解决方案（中心的、地区的、虚拟的、外包的） • 执行所有服务承诺
基本原理	• 有关全球战略及增长方式的基础 • 共同的流程 • 规模经济	• 专业知识复制困难或昂贵 • 吸引部门用户的最佳想法 • 确保聚焦在最关键的能力上 • 协助打造一种文化	• 选择基础：支持全球品牌、客户、项目；可用的实体经济 • 找到最佳替代方案：中心的、地区的、虚拟的、外包的
“规则”	强制性的	应邀	经各部门同意，强制参加

图 10.1　企业中心职能部门的价值产出框架

在专注于为决策制定标准和指导方针，以及指导业务部门如何做出良好的战略选择时，监督角色最为有效。相反，如果监督角色被定义为制定和签署决策，那么这只会剥夺业务部门的权力，使权责制变得模糊，并减缓决策速度。

“规则”很简单：政策、信托要求和高层战略被视为“强制性”的，但仅限于一小部分政策领域。

思想引领者

思想引领工作的重点是构建能力。关键是专注于主题的选择，然后与为业务带来最佳创意的高水平员工保持联系。可口可乐的前人力资源顾问辛西娅·玛卡格（Cynthia McCague）认为，这是“少数人和传奇人物”的工作。他们不是服务提供者；因为人数太少，所以无法深入参与实践活动；他们做的是构建业务部门执行战略所需的能力。在公司层面，这些必须是适合投资组合中大部分或全部业务的能力。惠而浦领导者和战略能力发展副总裁南希·坦南特·斯奈德（Nancy Tennant Snyder）致力于使惠而浦成为世界上最具创新的家电公司，经过近十年的持续努力，这个目标可以说已经达成，结果是带来了跨所有品类的实实在在的新产品。斯奈德的团队的重点是培养技能、增加实践，以及打造深入各部门内部的文化。

思想引领者为其他人提供可以在本地实施的项目、最佳实践、新流程、咨询和培训。他们为决策者提供关键的知识和见解。斯奈德认为，这样的团队应该从小规模开始，随着时间的推移持续关注如何快速取得成果。有趣的是，斯奈德直接向 CEO 报告，而非人力资源部门。

这些团队的规模取决于公司整体结构的性质。在惠而浦或宝洁等公司中，业务部门间密切相关，各个部门都有明显的共享和协同能力。但在控股公司中，思想引领职能部门建立的难度会增大，因为在这些公司中，利益更加分散，而运营治理更像一种联盟。在这些公司中，通用电气的做法与众不同，它的目标是通过在整个公司推动管理能力、共同文化和最佳实践来进行整合，从中心管理关键人才和资本。

一般情况下，这些在中心工作的聪明人会将他们的角色定位于制定政策、裁决决策、审查当地员工的工作，以及推出新程序和项目。当要求个别工作人员扮演思想引领者角色时，冲突就会加剧，并且在与非中心同事互动时，他们不能明辨自己到底在扮演哪种角色。在可能的情况下，职能监督者和思想引领者角色应该分开。业务部门也应该有权在思想引领者开始偏离角色而进入监督角色时对其进行挑战，而不只是任由其指挥。

这里的治理规则是“可选的”。业务部门可能会拒绝这些可交付成果，但关键是要使想法非常有吸引力，让内部客户觉得这些是解决公司业务问题的最佳解决方案而无法拒绝。

精选服务者

共享服务的商业论证通常基于效率和成本，通过单一责任点将工作集中、标准化并进行管理，共享服务还可以提供整合功能。创新需要创意、自由和创造力。然而，与此矛盾的是，当组织基础结构的共同基础使得来自不同学科和组织的人员能够无缝地协同工作时，创新也会蓬勃发展。通用的沟通系统、薪酬和激励实践、汇报惯例都有助于跨组织边界的信息、资源和想法的流动。也就是说，创建具有公共基础结构的共享服务可以促进组织的整合。

共享服务的关键是“可选择性”。共享服务组织已经跨越各大洲，有望实现整合、自动化、低成本劳动力和外包解决方案。有时可以达到目标，但经常也达不到目标。

对于商业论证，这里的规则是“签署合约后必须强制参加”，这使得服务合约的准确性变得至关重要。位于地区集群中的服务团队可以实现真正的效率提升，由技术支持部门为多个业务部门提供服务。这些组织需要可靠、翔实的商业论证，经过审查后得到业务负责人的认可，并且可以衡量收益。服务合约必须详细列出，为服务交付单元设定特定的目标，如周期时间、生产量，客户满意度和每次交易的成本。

以中心为主导与集中式

一旦围绕价值交付框架有了清晰的理解，组织结构的选择就会多样化。一家知名跨国公司的人力资源主管向设计团队提出挑战，要求他们将思想引领的工作设置在总部之外。于是，设计团队完成了全球内部最佳实践的详尽清单。他们发现，欧洲实施了最好的综合管理教育项目，拉丁美洲则为绩效管理提供了最佳实践，美国实施了最有效的人才审核流程。

地区实践要扩大，才能成为工作的“中心”。我们发现，以这种方式分配工作会增加业务领导者的责任意识。总部不再是所有好想法中心的代名词，资源可以保留在地域单元中，这进一步缓解了公司职能部门与所服务的业务部门之间的紧张关系，并催生了更大的人才库。

这个示例强调了重新构建集中式与分散式范式的重要思想。集中式的活动是施加控制，而“以中心为主导”的活动是为了实现整合。中心可能是总部的职能部门，也可能是与单一战略或一组标准联系在一起的单独工作中心。对于当今的大多数公司而言，因为挑战过于复杂，所以领导者难以遵循集中式与分散式组织的简单概念。

里程碑三总结：整合

第 8 章：运营治理的设计

第 9 章：矩阵中的权力分配：关于治理的案例研究

- 战略分组完成后，设计工作将转向，会寻找将不同单元整合在一起以创建整体的方法，这在矩阵结构中尤为重要。
- 公司运营模式决定了单独运营单元之间联系的紧密程度。
  - — 单一业务公司及产品和市场密切相关的公司通常力求以高度整合的方式运营。
  - — 控股公司和其他拥有非常多元化投资组合的公司往往不需要在业务单元间进行整合。
- 管理组织中的权力关系是一项关键的设计任务。
- 运营治理是指跨单元分配权力以及在组织各层级上下分配权力的过程。在关键角色中定义决策权是设计过程的重要部分，明确的运营治理框架可以更加有效地实现这一设计。
- 治理杠杆框架提供了一种在复杂组织中定义治理策略的方式。管理四项关键杠杆以使矩阵有效：

1. 信念系统
2. 互动网络
3. 边界系统
4. 诊断控制系统

- 组织设计人员可以学习在每项杠杆中应用策略，确保矩阵组织“调整”好以达成所需的结果。

第 10 章：重塑职能部门成为整合者

- 职能部门可以扮演大型企业的关键整合角色，但会给运营单元带来困惑和挫败感。支持性职能部门面临的挑战是以更低的总成本为业务增加更多价值。
- 采用端到端的方式需要在全球范围内全面了解支持性职能部门，以确保：

— 制定关于如何增加价值的共同战略议程
— 制定一致的核心流程
— 促进人才进步和技能发展
— 降低分配成本

- 价值交付框架认为，所有支持性职能工作都应围绕三个增值角色之一明确设计。三者中的每一个都应与另两个区分开来，所有工作和人员配置应该协调一致，以提供更强有力的以中心为基础的领导，而不使工作中心化。这三个角色是：

1. 职能监督者和战略规划提出者
2. 思想引领者
3. 精选服务者

里程碑四：人才与领导者

里程碑：你对关键角色进行了设计和人员配置，并明确了高管团队的工作

组织设计和领导力是两项密切相关的资产。当卓越的组织和人才相遇时，一切均有可能发生。我们的一位老师沃尔特·马勒（Walt Mahler，他是通用电气公司继任计划流程的共同创建者）在多年前就指出，每次组织结构发生重大变化时，高级管理人员都应该重新考虑关键管理职位的人才，现在的研究也强调了这一点——企业领导力委员会（Corporate Leadership Council，CLC）的一项研究认为，连接市场情况、战略、组织设计和领导者十分重要。在 CLC 确认的绩效差距中，“传统领导者”是其中一项，这样的领导者非常适合过去的市场和组织状况，但可能不太适合目前及可见的未来的市场状况或组织模式的重大变化。

与我们合作组织设计的许多总经理和首席运营官，会首先将熟悉的名字与新的职位头衔联系起来，通常他们的直接下属也会这样做。以下是对领导力和组织采用更加深思熟虑的方法的意义所在：

- 结构变化带来对人才重新考虑的需要，这是一个不容错过的机会，即需要定期更新和改进高管团队。竞争环境发生变化，战略发生变化，领导力内涵也应该发生变化。新的（通常来自外部）观点很重要。
- 当重新设计组织时，对领导者的角色和行为几乎总会有新的要求，通常旨在改变旧的文化规范。这些要求需要被明确。同时领导者也需要接受指导和教练以适应和调整。
- 不仅是技能和知识，现任者和职位之间的契合程度对推动变革也至关重要。当建立新组织时，动机是一个可衡量的关键因素。
- 最有效的领导力发展形式是经验。可以进行组织变革，以创造学习和发

展的机会。具有最大潜力的合格候选人应被考虑委任可能产生最多学习经验的职位。

以一家大型安全系统公司为例，该公司面临技术驱动的市场变化。该安全系统公司十年来一直在软件开发方面摸索前进，试图将信息技术与其传统硬件组件结合在一起。它收购了拥有强大专有系统的小型科技公司，并在许多市场中占有了很高的市场份额。遍布全球的创意产品销售和服务部门将专有组件和第三方组件捆绑在一起，以满足客户的需求。但是市场变得越来越复杂，超越现有的临时捆绑销售至关重要。

该公司领导者认为，现在有必要构建全球能力来开发和交付复杂的系统解决方案。于是几个月后公司出现了大规模的重组，旨在进一步全球化及加强技术组织、产品管理和市场营销，同时将销售组织转变为销售解决方案。

这种商业模式的转变要求高管团队改变他们花费时间和精力的地方。公司的领导者现在必须与营销人员更紧密地合作，并且必须直接与客户互动。高管团队需要新的思维——从作为一组独立的业务领导者来运营，偶尔聚在一起跟踪结果，转变为必须密切合作以管理开发流程的优先级，并在矩阵中建立跨地域单元、产品组和职能部门的桥梁。

当计划进行重大的组织变革时，人才和领导者的设计应该成为组合的一部分。在本书的这部分，我们将研究如何：

- 定义高层汇报结构，设计领导者角色和高管团队的工作。
- 确立人才支点，设计可以发展领导者的组织。

第11章

设计领导组织

几年前，我们从一位很有智慧的客户那里了解到，在设计过程开始时，高层管理人员最好坦诚地告知所有在职人员哪些职位选择处于开放的状态，即哪些职位将直接向高层汇报，以及谁将担任这些职位。领导者还需要做出安抚人心的保证，新组织会给所有表现良好的在职人员一个新的职位，但可能无法在事先明确指出具体的职位是什么。这样的做法经过多次实践检验是成功的——一个非常有帮助的做法是，领导者明确地表示每个人都应该参与设计过程，并期望他们最终能够找到在新结构中自己可以胜任的角色，而不是假设他们直接设计自己在公司中的未来职位。

定义高层汇报结构

当高层领导者准备好对直接汇报团队中的角色做出选择时，他应该考虑以下标准：

- 高管希望或需要把时间花费在公司内外部哪里？（什么最需要管理层的

关注？）

- 某些团队成员可能与这个团队以外的高管有双重汇报关系，那么这类关系的范围和性质是什么？
- 为了在组织中产生必要的影响，工作需要如何被纵向分配？
- 高管是否更喜欢宽泛的控制范围而非狭窄的？
- 将选定的角色放置在结构的顶层而不是较低的位置传递了怎样的信息？

企业总经理以及职能部门负责人应该清楚他们将如何为企业增加最大的个人价值。这是一种基于将个人技能、知识、动机与企业需求相结合的综合判断。应该回到组织的设计标准，并思考这个问题："这位领导者需要在哪里花费他的时间，从而将这些能力发挥出来？"

直接汇报结构的选择

让我们看看三组备选方案，这些方案是直接汇报结构的常见模型，汇报对象为首席执行官和大型业务单元的总经理。

- 内部运营人员——当公司业务单元增多、经历变革或处于周转模式，领导者被期望密切管理运营时（见图 11.1）。
  - 所有关键业务单元、职能部门和地域单元直接向最高管理层汇报。
  - 管控跨度可能相当广，或者通过设置跨度协调官有所缩窄（如办公室主任或首席行政官作为负责人向职能中心汇报）。

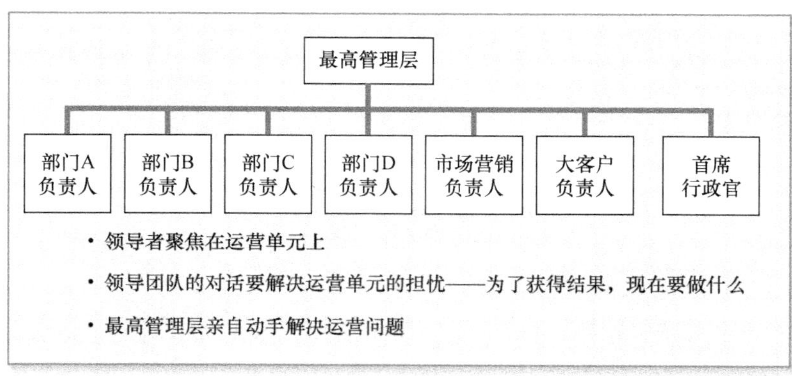

图 11.1　管理结构中内部运营人员选择

— 从创新到卓越运营——管理层的关注往往放在对增长或其他任务最关键的活动上。
— 团队成员具有高度独立性。

• 平衡的内外部执行人员——当领导者想要开始在直接汇报团队中构建更多能力，或者为了继任而设置一个或多个直接汇报者时（见图 11.2）。

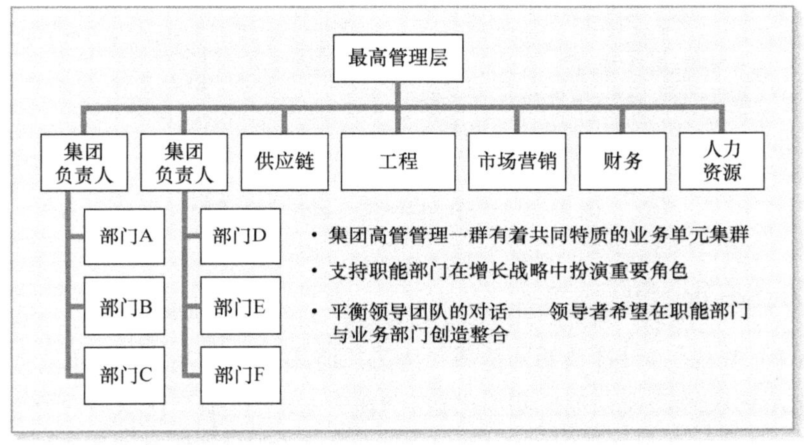

图 11.2　管理结构中平衡的内外部执行人员选择

— 业务部门和职能部门集中在集团高管之下，以便领导者能够将时间花在公司计划以及与客户和分析师的外部互动上。
— 领导者可能与一个或多个职能部门关系密切，这些职能部门在公司计划中被视为关键合作伙伴。
— 时间被花费在推动直接汇报活动之间的整合上。

• 首席运营官——当领导者有一位需要获得经验的继任者，或者对于公司和外部职责，他的大部分时间和精力都需要集中在单元之外时（见图 11.3）。

— 最高管理层将大多数运营活动委托给首席运营官（Chief Operated Officer，COO）。
— 高层领导者通常直接管理战略、研发、支持人员和外部利益相关者。

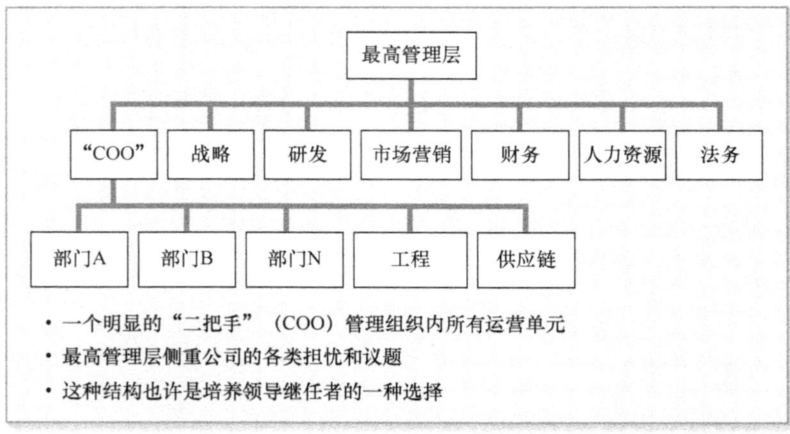

图 11.3　管理结构中首席运营官选择

矩阵化高管团队

当总经理发现自己管理的团队成员因为矩阵而被归到其他部门时，他需要换个视角思考团队的组成。他应努力做到包容——让"虚拟"团队成员充分参与到团队中，让他们感受到自己是团队的一部分，目标是让他们对公司产生认同感。

在这种情况下，总经理可以拥有一支庞大的团队——有广泛的控制范围。在此模型中，领导者可能不会充当矩阵化团队成员的主管。他的影响主要在于为公司设定共同的愿景和议程，形成高度的认同感，围绕业务达成一致，激发热情，聚集各类人才，以促成整体工作的完成。

再次参考安全系统公司的例子。安全系统公司的母公司将一位非常聪明的战略营销总经理安排到新成立的纵向业务部门的综合管理职位上。新的结构赋予了他对业务后端的市场营销、产品管理和产品开发的直接权限，他也被授予了与区域主管共享的、关于业务销售和服务前端的矩阵式责任。

随着时间的推移，安全系统公司总经理了解到，他可以通过让这些地区的销售和服务领导者发挥行政和监督的作用来增加更多价值。在为自己的团队选择销售和服务成员方面，他拥有重要的投票权，但并不需要监督他们。此外，他正确地推断出，人力资源和财务人员将从各自的职能部门获得指导。通过改变思维方式——以领导角色为核心，他能够将更多的产品管理和市场营销人才提升到向他直接汇报的级别，与地区的销售和服务领导者构成直接汇报团队。他避免了职能分割的角色和分层，组建了一支六人的扩展团队。这使他能够直接影响所有业务的关键杠杆。他可以将大部分时间用于缩小所提供产品和解决方案的差距，同时仍然直接与销售和服务领导者合作，确保他们将新的解决方案推向市场。

设计领导者的角色

大型组织的员工会想方设法抵制变革。改变行为始于改变领导者的角色。新组织所需的能力应成为领导者工作的锚点。例如，一家立志成为卓越品牌领导者的企业需要由将品牌视为优先事项的高管人员带领，并将以消费者为中心的想法带入决策过程。现任者必须对自己（变化后）的角色进行不同的思考，否则将被那些可以胜任的人所取代。

职位描述等工具在反映企业的战略需求和组织设计背景时更为有效。在设计关键角色时，我们使用三个框架来指导我们的思考。领导梯队模型以职位所需的管理和领导工作类型为基础。杰奎斯（Jagues）的必要级别模型有助于避免在组织中创建不必要的管理级别。最后，管控跨度提供了另一个视角，以确保决策在适当的管理级别中制定。

领导梯队模型

领导角色在组织的每个级别都不同，如图 11.4 所示。该模型从发展的视角创建了关于组织级别、领导角色和领导才能的综合视图。它提供了一种方法，可以区分对组织梯队中各个级别领导的智力和情感要求。领导职责的每个连续层代表一个步骤——领导者工作设计的三个要素的职能变化，因此，人员配置要求考虑：

- 智力复杂性。
- 动机概况（工作价值）。
- 胜任力。

以上这三个工作维度定义了一组综合的角色，评估候选人与这些角色的标准，以及未来领导者的发展路线图。

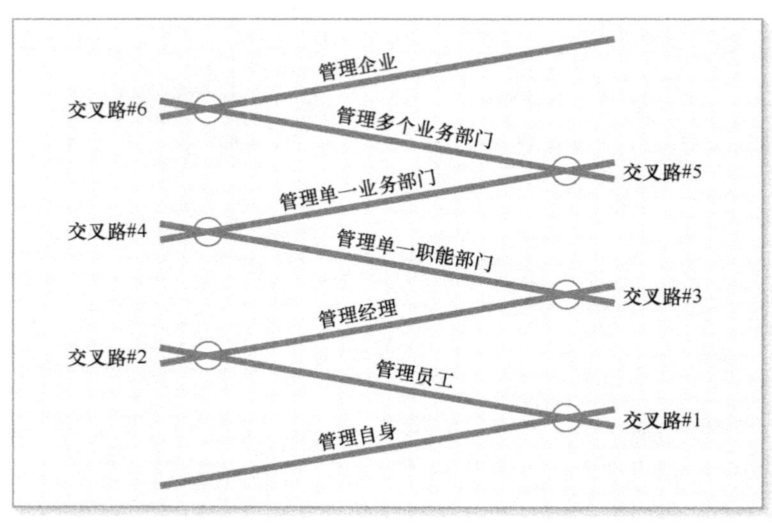

图 11.4　领导梯队模型

每当一个人通过组织“十字路口”晋升时，他必须进行实质性的转变，不仅要展示更快的处理能力和更高阶的领导技能，还要抛弃之前工作中许多熟悉的工具和实践，并学习新工作中所需要的各项能力。他必须改变对工作的看法，这在从管理职能部门到管理业务部门的转变中最为明显——减少关注熟悉的职能活动，而将更多的时间和精力投入跨职能部门的工作以及关注客户和业务成果当中去。

例如，如果我们知道给定的管理角色的本质是“管理经理”，那么我们就可以在某些期望中进行设计。一般来说，这些职位迫使任职者投入时间培养下属，而不是试图直接管理具体的工作内容。那些“管理单一职能部门”的人被期望超越工作并聚焦政策，以成为企业的思想引领者。

角色要求直接来自企业战略。企业的生命周期决定着领导者的角色和选择标准。对比一下预计会增长的业务与那些主要通过现有资产产生现金和收入的业务。可以参考组织结构设计的方式来设计领导者角色，以应对挑战。在具有强劲增长需求的企业中，高管人员可能会亲自动手制定新的业务模型或增长平台。在预计会最大化现金流或降低成本的企业中，高管人员则会强调运营决策和流程修复。高管人员选拔过程中使用的选择标准要保持一致，以确保角色与岗位是相互匹配的。

必要级别模型

从公司顶部到底部的组织层级数量会影响决策的制定、信息在组织中传播的速度和难度。随着时间的推移，许多公司都受到层级过多的影响，这其中的监管和管理职位的设立是为了满足职业道路的发展需求。这些层级创造了低效率和不必要的节点，每隔几年，领导者都需要“扁平化”组织，以清理这些累积的冗余管理层。

已故的埃略特·杰奎斯（Eliot Jacques）创建了一个用于设计组织层级的必须级别模型。他阐述了关于组织和领导者的详细而整合的观点，该观点将工作复杂性作为确定管理业务工作需要多少层级，以及领导者需要什么样的能力才能管理每个级别工作的关键标准。“管理复杂性的能力”是杰奎斯对于商业智力的代名词，他明确地指出这不是通过智商测试来衡量的。工作的复杂性取决于现任者及团队所必须考虑的选择范围或基于给定目标的可选路径。

杰奎斯关于组织分层的断言颇具争议，他认为组织中存在合适（必要数量）的层级。将工作复杂性细分后，管理该复杂性需要规定数量的组织层级。在大型跨国公司中，杰奎斯发现了六种明显可区分的工作，从入门级专业人员的工作到首席执行官的工作。每个层级的工作复杂性的性质可以通过其“时间跨度”——现任者完成核心工作和看到其影响所需的时间长度来定义。他认为，首席执行官的工作可能需要 10～20 年才能完全实现。相比之下，入门级专业人员的工作则可以在 90 天内完成。图 11.5 显示了这六个层级的工作。

关键在于，组织中正确的层级数量应该由工作复杂性的显著差异来确定，而非薪酬、地位或职业发展机会。高管人员应该在每个管理层级之间创造显著的时间跨度差异（90 天、1 年、2 年、5 年等），以消除重叠的风险。

等级制度中出现的冲突，通常是因为经理及其直接下属基本上是在管理相同的工作。以下是存在不必要层级的典型症状：

- 关于谁做决策存在混淆。
- 高级管理人员倾向于做出层级低于他们的人员应该做出的决策。

层级	复杂性	时间跨度	
六	创造一个能够让整个组织受益的环境，以取得长期的成功	10～20年	战略的、公司的
五	对不断变化的事情做出判断——使用直觉和诊断的方式	5～10年	
四	需要并行处理几个相互作用的变量，并运用判断来进行权衡	2～5年	整合的
三	理解整个流程并预设应对措施	1～2年	
二	可以思考潜在的问题并进行诊断	3～12个月	运营的
一	按照规定好的线性路径行动	90天	

图 11.5　在大型跨国公司中必要层级的工作

- 上下级交流很困难：过滤节点太多，需要花费太多精力才能保证声音被听到。
- 横向沟通很困难，因为“合作伙伴”太多，难以随时了解情况。
- 人们缺乏真正的发展挑战。

在定义角色时，应用以上视角来测试组织中所需的实际层级数量是非常有用的。

管控跨度

管控跨度是组织层级的反向指标。层级数量增加，管理人员直接下属的平均数量将下降；层级数量减少，管理人员直接下属的平均数量将上升。过多的层级将导致工作范围狭窄，行动自由度下降。随着层级的移除，工作范围将扩大。通常来讲，层级数量应尽可能少。

根据领导者跨职能工作的广度，管控跨度会有所不同。总经理应该比职能部门经理拥有更窄的跨度，因为总经理的管理工作更加多样化。话虽如此，我们认为总经理可以很好地管理 8～10 名职能部门经理，职能部门经理可以胜任更多工作，当然，这取决于工作、参与者的成熟度和地域分布的广度。

跨度协调官的角色

跨度协调官的工作性质常常令人感到困惑。该职位是管理层的一个层级，其存在只是为了缩小上一个层级的高管的管控跨度。例如，如果除了市场营销、产品开发、供应链和其他职能部门经理，总经理还必须管理 4～5 个区域的销售和服务负责人，那么此时他可以选择任命一名跨度协调官，管理所有地区。跨度协调官不太可能创建本地市场策略，因为每个区域负责人必须拥有自己的策略。除了整合团队成员的结果，该角色不太可能管理客户或对任何结果负责。可以公平地说，除了管理便利性，该角色通常不会为领导者增加其他价值。

跨度协调官可以通过能力构建，以及指导和培训他们下面的领导者的形式来增加价值，进而成为高管团队中值得重视的成员。如果希望得到上述这些结果，则应设计这个角色，以免让跨度协调官下面的人承担这样的职责。

集团高管就是一个很好的例子。在大多数情况下，集团高管是跨度协调官，负责监督结合松散的部门。集团总裁确保合适的人就任总经理职位，并且他们正在制定有力的战略和有效地执行这些战略。除非业务部门共享客户、竞争对手、渠道和成本结构，否则很少会制定集团战略。但是，我们一次又一次地看到，集团高管认为他们必须拥有自己的财务经理、人力资源经理，甚至运营经理，这是错误的。添加这些支持职位后，跨度协调官的人数会增加，进而变成了基础架构的一整个层级。结果将不可避免地增加成本，导致更多的官僚工作和更慢的决策。当集团高管被指派到特定部门制定投资组合决策时，某种形式的员工支持可能很重要。然而，在我们所了解的几乎所有情况下，最好是根据需要，由中心提供当下所需的支持。

衡量领导角色

大型跨国公司运营单元的业务经理，很容易将重点放在他们自己部门的成果上。衡量指标、薪酬计划和文化强化了这样的本能。但是，公司的总经理或部门总裁应该在公司治理中花费时间和精力，并管理公司的关键资源。公司所选择的运营模式应该让运营领导者知晓开展公司各项工作的范围，如

表 11.1 所示。

表 11.1 影响高层领导角色的运营模式

一、整合型（单一业务）	二、部门型（组合类型相似）	三、混合型（组合类型差异大）	四、控股型（综合）
• 所有损益单元拥有相似的战略，只有很小的差异 • 组织中心指定方向 • 共同的流程和实践 • 领导岗位由单一的人才池供给 • 可预期的多种协同效应 • 强大的中心化职能 • 强大而紧密团结的执行委员会作为运营团队 • 举例：美国思科公司、美国可口可乐公司、美国百时美施贵宝公司	• 互补的业务组合及核心战略 • 通过共同的流程实现协同效应，包括汇集前端和后端的操作 • 执行委员会做出资源分配决策 • 单一公司式的人才管理 • 强大的公司职能在可能的地方以共同的政策支持各业务单元 • 单一文化、共同价值观、推动协同作用 • 举例：美国强生公司、美国百事公司、美国宝洁公司	• 有制定单元战略的通用方法 • 有少量但关键的共同流程和系统（如采购、电子商务） • 有计划的跨部门调动 • 协同效应只发生在特定的共享服务中 • 通过公司对资本、人才和知识的监管增加价值 • 公司职能驱动最佳实践 • 举例：美国通用电气公司、美国联合利华公司、瑞士雀巢公司	• 通过金融资产组合制定战略和投资 • 不同业务子公司向母公司上交财务报告 • 没有共同的流程 • 没有跨部门/子公司的人才流动 • 没有预期的协同效应 • 多种多样的文化 • 子公司员工专注于信托角色 • 举例：美国伯克希尔哈撒韦公司、美国泰科公司

总体来说，公司运营模式越靠近表 11.1 中右侧，部门领导者就越应该成为公司管理层的一部分。

高管团队的工作包括制定公司战略、教授和指导关键人才、监督项目团队及协调跨部门业务发展计划。在强生、3M 和 IBM 等公司中，这些是总经理角色的自然延伸。在许多其他公司中，这些工作被认为是对“管理自身业务”的干扰。如果上述工作是公司希望部门负责人做到的，那么这些期望需要被阐明并进行衡量，否则大多数人的表现结果会非常令人沮丧，包括首席执行官在内。

在定义领导角色时，正确的衡量非常重要。根据我们的经验，职能部门经理通常应该主要负责他可以直接影响的要素。例如，采购经理对购买材料的成本负责。相比之下，总经理应该对广泛的结果负责，这反映了他可能做出的一系列权衡决策。总经理通常被赋予过于宽泛或过于狭窄的职责跨度。在矩阵中，这个问题至关重要，因为全球业务单元（产品、品类或客户）的负责人无法控制他为推动盈利增长而做出的权衡决策中的所有要素，但如果他具备合适的领导才能，则会对业务单元产生很大程度的影响，所以应该衡量其是否具备这些才能。

在组织重新设计过程中，薪酬计划设计往往有些滞后，在重新设计角色时，衡量指标和薪酬计划需要反映这些变化。

设计高管团队的工作

许多公司的高管团队不知道应该如何根据需要进行何种程度的团队合作。许多高管因长期、频繁的会议没有产生任何实际效果而感到挫败；其他人则可能因没有会议参加而感到沮丧。在多数情况下，支持性职能部门的高管对缺乏团队合作感到失望；而业务单元的高管则认为，当他们主要为自己的业务单元结果负责时，强迫更多的团队合作没有什么价值。

许多高管的“团队合作”问题与高管委员会没有团队合作的明确要求相关。组织中存在的业务单元越多样，高管管理的各业务单元越相对自治，他们也就越不知道应该如何共事。

直接向领导者汇报是需要一个真正的团队，还是仅仅作为一个团体发挥作用，取决于他们工作的相互依赖程度，换句话说，取决于他们各自任务之间需要整合的程度。此时公司的运营模式再次体现了高管委员会工作的性质。

把一大批管理着非常独立和自治的部门的高管组成一个团队是白白浪费时间。但在大多数公司中，成为一个团队或一个团体并不是一个二元选择。由于明显缺乏相互依赖性，选择花费很少时间在一起的领导团队，可能出现的结果及现象包括：（1）无法管理“自治”单元之间的联系；（2）经常受制于薄弱的公司职能；（3）当矩阵结构中出现冲突时倾向于站在一旁观看；（4）缺乏一种具有凝聚力的方法来塑造整个公司的单一文化。

设计高管团队的角色、成员资格和结构，是组织设计的重要组成部分。应该考虑一系列增值角色。高管团队的工作选择范围，从高度运营的一端到愿景性的、关系导向的另一端，高管团队潜在角色的连续统一体如图 11.6 所示。高管虽然有个人偏好，但战略分组的方法和业务的运营治理模式，应该为公司层面和主要部门的高管团队的工作提供参考。

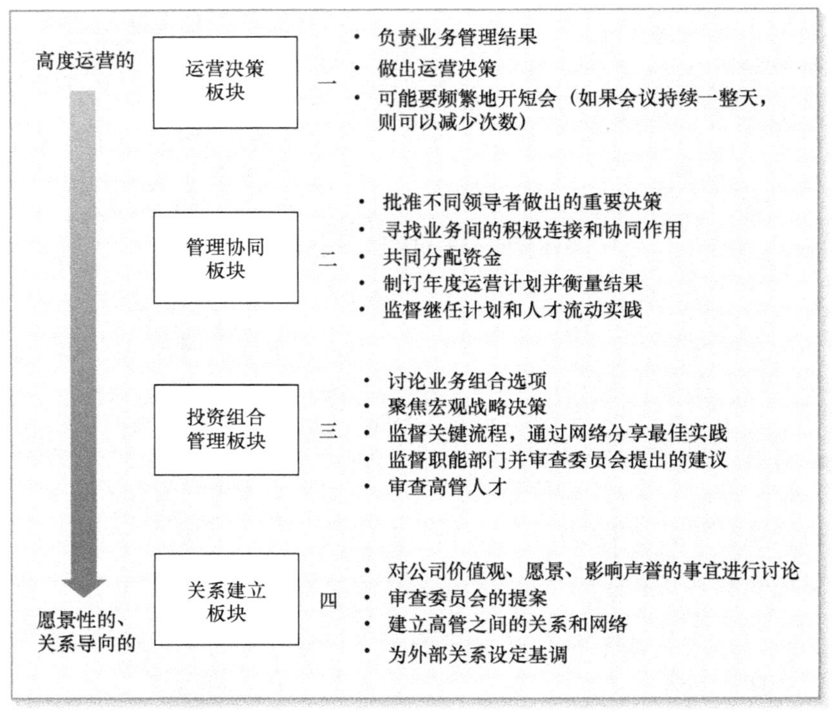

图 11.6 高管团队潜在角色的连续统一体

回想一下我们在里程碑三中讨论的矩阵组织中平衡权力的四项治理杠杆。

1. 信念系统。
2. 互动网络。
3. 边界系统。
4. 诊断控制系统。

管理矩阵组织中的治理杠杆是高管团队的核心工作。这是一项艰苦的工作，很多高管团队对此都没有耐心，但投入在这里的精力促成了对管理时间的高回报。我们可以考虑各种类型的高管团队，如表 11.2 所示。在以下内容中，将定义每种类型的高管团队，并讨论哪些治理杠杆对团队最重要。

表 11.2　四种高管团队以及其在公司层面利用四项治理杠杆的程度

四项治理杠杆	高管团队类型 一、运营决策板块	二、管理协同板块	三、投资组合管理板块	四、关系建立板块
信念系统	高	高	中	中
互动网络	中	高	中	中
边界系统	中	高	中	低
诊断控制系统	高	高	中	低

运营决策板块。这通常是高度整合的单一业务公司的选择，其中高管团队作为公司的运营领导者。但是，一些非常大型的多产品公司也以这种方式运营，美国的苹果公司和玛氏公司就是很好的例子。各单元之间的战略联系很紧，对综合决策的需求也很高。这是一个真正的管理团队，运营领导者和职能领导者之间需要密切和有效的互动。

对于这种类型的团队，最有效的治理杠杆可能是简单的信念系统和诊断控制系统。由于运营团队的实操性强，互动网络和边界系统并不那么重要，治理和工作是同一回事。

管理协同板块。这种类型的团队适合多部门公司，其希望在不同运营部门之间实现协同作用，或者利用共享的后端（产品和运营）或前端（销售和服务）。各部门被视为有一定自治权的战略业务部门，但强调了它们之间的积极联系和权力平衡。高管团队致力于制订年度运营计划、分配资金并监控关键指标，以实现共同结果。团队积极参与管理人才发展，以及人才在运营单元之间的流动。对信任、有效沟通和权力共享的需求很高。

这样的高管团队需要积极利用所有四项治理杠杆。他们可能通过广泛的面对面互动分享共同的信念；会议可能更短、更频繁；利用网络和委员会实施全球业务计划、高管人才计划和流程改进。边界管理至关重要——团队应该非常积极地阐明公司和职能部门的决策权、调整盈亏损益表和预算，并监督关键的政策领域。诊断控制系统通过综合的业务控制板进行管理，包括客户衡量、人员衡量、流程有效性衡量，以全面平衡财务状况。

投资组合管理板块。这样的团队在多部门公司中运营，这些部门之间几乎没有协同效应。高管团队定期举行会议，通常是每隔一个月举行一次或多次会议，议程更多地以项目或计划为重点。该团队就像一个运营委员会，负责审查包括收购在内的整个投资组合管理中子委员会的提案。他们可能发现业务部门之间存在协同效应的机会，但这些部门通常相当独立。财务、人力资源和信息技术等职能部门通常会积极推动一些关键的整合计划，如职能人才管理。

这种高管团队可能非常具有挑战性。这是一个边缘化的团队，成员之间有充分互动的理由，但相互依赖的点很少。矩阵可能主要位于业务部门和支持部门之间。共同的信念很重要，包括关于运营模式和职能角色的共同看法。这些团队会发现互动网络在一些关键计划中很有用。诊断措施往往集中在投资组合的整体财务表现和一些综合计划和职能上，如对于支持活动的共享服务。

关系建立板块。这是一个领导业务单元的高管团队，在业务模式、客户或运营方面几乎没有共同点。团队合作的需求很低。主要互动发生在职能领导者和每个运营单元负责人之间，通常基于明确或不成文的服务合同。

即便如此，共同的信念和一些互动网络可能非常有用，特别是在公司如何管理与外部利益相关者的关系方面。与此同时，边界和诊断措施主要在单独的运营单元内进行管理。

第12章

做出正确的人才选择

组织重新设计是将更多或不同人才引入企业的机会。构建大量新的能力通常需要人才做出相应的改变。在完成组织设计变革后，我们听到领导者传达的最大遗憾之一是，他们没有勇敢或迅速地采取行动，做出困难的人才决策。他们太快地使用“替补队员”填补关键位置，而不是在外部寻找，或者保持职位空缺，直至找到合适的人选。我们鼓励的一种思维模式是，确保重新设计完成后，合适的人员处于合适的位置上。

人才支点

在商业论证与探索阶段构建的能力和制定的设计标准应该为人才需求提供信息。应根据为企业带来的变革力量去判断人才需求，但并非新组织中的所有职位都需要给予同等程度的关注。我们相信人才不对称投资的力量，即不应平等分配对新技能的投资，因为并非所有工作都对你所寻求的能力产生同等影响。支点的概念主张关注新组织中那些对结果产生巨大影响的少数目标技能。

我们最近与一位首席执行官及其高管团队合作，启动了一套新的继任计划。人力资源专员做了很出色的工作，阐明了通过强有力的人才计划来支持业务增长的必要性。首席执行官也非常关注这件事，他坚持要求所有高管确认自己的团队中只有“A 级优秀队员”。他的意图是好的，但在第一次人才评审会议上就可以很明显地看出，这个目标需要长期努力才能实现。此外，这实际上是非常不切实际的，并且会将时间和资源从其他投资中转移出来。经验教训是，并非所有职位都需要“A 级优秀队员”。

不对称投资不是试图平等地培养所有领导者，而是主张采取有针对性的方法。每家企业都有不同的人才需求，如果人员配备得当，可以在其所处环境下为企业创造竞争优势。图 12.1 显示了一些示例。另一个例子是苹果公司，它一直致力于不断寻找创意设计师和软件开发人员，无论是否有职位空缺。

	比较优势来源	人才需求	组织需求
Nestlé 瑞士雀巢公司	在新兴市场的品牌影响力	新兴市场有经验的市场营销人员——本土参与者多	从顶级市场中提拔CEO——专用的基础架构
CISCO 美国思科公司	有关新应用的新产品想法	精通市场营销的可以团队合作的工程师	跨业务团队因种子资金而变得松散——赋权
STARBUCKS COFFEE 美国星巴克公司	“星巴克体验”	咖啡师和门店经理	获得最佳雇员体验——转换成客户体验
GE 美国通用电气公司	跨多种投资组合的最新管理系统	全球最佳综合管理人才移动库	为实现投资组合可见性，选择正确的损益单元集群——通过快速收购进行整合

图 12.1　各公司的人才支点举例

在为关键人才制订人员配备计划时，有五个关键问题需要考虑：

- 这个新组织的人才支点是什么？
- 将在哪里更改人员配置？
- 决策的基本规则是什么？哪里不能妥协？为选拔候选人要“撒多大网”？
- 将采用什么流程来筛选、评估候选人并将他们匹配到工作岗位上？
- 如何与利益相关者持续沟通？

公司通常会参考过去重组过程中的人员配置情况，这些经验经常与裁员相关，如果是这样，应该尽量避免。我们强烈建议采用这样一个流程，其中包括对所有已发生重大职位变化的候选人进行某种形式的严格评估。对于职位变化不大的人员可以做岗位安置，但要考虑岗位与提高绩效水平的机会相平衡。在明确哪些职位发生了变化、新创建了哪些职位、减少了哪些职位、哪些人员受这些变化的影响之前，不能决定人员配置过程的细节。我们还强烈敦促公司采用最透明的人员配置方法。候选人人才库、选择标准和评估方法要保持开放，这对于维护信任至关重要。

重新利用资源

我们在过去几年中与许多公司加强了合作，进行了实践研究，这些研究表明，在整个组织中平均分配或削减资源会导致限制效应，而重组是打破资产平均分配的机会。与全面削减员工人数不同，重新利用资源需要做出艰难的决定，所以很少有公司能够做到这点。当新设计需要内部投资来推动新的机会时，重新利用和分配资源就变得尤为重要。

思考过程必须从高管团队的共同理解开始，即了解每个业务单元在其生命周期中的位置。传统业务往往会产生大部分收入和利润，因此必须有一定程度的利润保护，但人们往往存在这样的偏见，即必须把资源从传统业务中分出来一些以资助新的业务，否则组织就无法发展。

在某个特定的公司中，重新利用资源的目标可能包括：

- 在不增加当前人员成本的情况下，满足高增长活动（尤其是新业务模式）的资源需求。

- 确定每项职能和业务的关键工作，并使当前角色和人员配置水平合理化。
- 确定可转变为增长活动以满足增量需求的职能和业务中的预算资源。
- 消除不必要的复杂性和冗余，以便更灵活地应对以及做出更快的决策（例如，减少基于中心和地域的职能单元之间的角色重叠）。
- 提高所有关键角色或节点角色的才能和技能。
- 增强端到端职能设计的有效性，包括提高支持资源的效率和有效性。

如果高管团队可以从一张白纸开始，很少有人会选择以现在的方式分配资源。但是组织很少采用从零开始的方法来平衡资源，因为这其中涉及权力问题，可能导致组织陷入困境，所以完成这项工作需要付出艰苦的努力。重新利用资源的决定不能交给咨询顾问或委托给组织的其他人，需要高管团队来完成，要求高管团队有决策数据、勇气和良好的判断力。

以下是我们认为最有效的做法。

- 制定一套目标和一套原则来指导流程。明确为新增长机会提供资金所需的新资源。设定目标以在不增加成本的情况下为新增长机会提供资金。要明确的是，重点是为新的增长机会构建新的能力。
- 获取当前员工人数和成本的定量数据，并使每个职能部门和地域单元的数据尽可能公开可见。
- 考虑让人力资源或组织发展工作人员对当前情况进行简短的定性分析：
  — 瓶颈和决策缓慢的领域
  — 角色混乱和冲突的领域
  — 能力和技能方面的差距
- 如果可能，欢迎整个高管团队对数据进行公开评审。参考目标对所有当前资源分配进行公开问询。（没有信任基础而需要坦诚交流的团队，可以通过在挂图上呈现数据为进一步对话奠定基础，使用黄色圆形贴纸来识别他们想要问询的区域，使用红色圆形贴纸代表他们想要挑战的区域）。
- 确定在此过程中可能重新利用资源的假设。构建选择而不是在第一次就评估它们。一些团队发现，把不同工作的影响进行分类很有用。
- 在可能的情况下，将讨论与人才规划会议联系起来；对于“变得更好”的想法保持警惕（因为往往没有所谓的“更”好，一味地追求更好是疯狂的表现）。

- 收集结论并将重新利用资源计划纳入更大的过渡里程碑计划中。

重新设计端到端职能带来了显而易见的重新利用资源的机会。第 10 章中介绍的框架阐明了中心主导的职能部门的三个基于价值的角色，可用于对全球职能部门的当前资源进行分类。一旦高管团队能够获得员工人数信息，他们就会发现，把资源投入哪里这项工作是非常有启发性的。

设计组织以培养领导者

正确的经验对领导者发展有最重要的影响。领导梯队模型概述了从入门级工作到管理工作的广泛经验，可用于选择、指导和培养卓越绩效者。领导者发展的观点认为，高级领导者如果可以做到以下几点，就能够更好地成长：

1. 基于组织下一个转型的独特需求评估领导者的潜力（智力、技能和动机适应性）。
2. 通过在多个转型节点提供正确的经验以培养领导者。
3. 通过合适的教练和培训项目来支持人员顺利渡过转型。

许多公司将综合管理深度确定为一项战略能力，直接影响其执行增长战略的能力。大多数人希望能够从内部找到合适的人填充高管继任计划的缺口，包括未来取代首席执行官的潜在候选人。但是，许多公司面临着综合管理人才缺口，无法足够快地培养高管级别的领导人才。

IBM、斯伦贝谢、霍尼韦尔和通用电气等公司，在总经理的选拔提升方面做得比较好的地方是，对合适的人员在其职业生涯早期就进行培养并承担相应的风险，以向他们提供关于盈亏、客户管理和领导大型团队的经验。一般来说，它们遵循一套通用的培养原则：

- 为有潜力的人员创造机会。
- 委派真正的责任，并让人员对结果持续负责。
- 经常测试潜力最高的领导者，冒更多风险，通过跨职能、市场和商业模式培养他们。

参考这些见解，IBM 重新调整了其实践做法，根据“准备就绪”而不是典型的“准备年数”来对候选人进行评价，并强调必须采取的行动。

成功培养更多总经理候选人的公司专注于每个职业十字路口的培养任务。由于综合管理工作的性质在特定公司中会有所不同，因此这些角色的培养价值也会不同。特定经验的价值取决于公司需要领导者提供什么，即在推进培养计划时，要求领导者做出何种决策。

典型的高价值体验包括接触：

- 战略复杂性。
- 国际市场和文化，尤其是新兴市场。
- 大型团队的领导。
- 损益的管理。
- 各种商业模式。
- 运营复杂性。
- 初创企业和周转情况。

大多数公司利用这些体验来培养领导者。我们鼓励公司考虑如何将它们转变为更系统的体验；进一步讲，如何利用组织设计工作来增加包含这些高价值挑战的角色数量。

案例研究：人才与组织

一家知名的消费品品牌公司最近决定以整合方式解决人才问题和组织问题。CPG 品牌公司（一家真实公司的虚构名称）长期以来一直围绕矩阵中一个轴上的少数全球品牌，以及另一个轴上非常强大的区域结构进行组织。权力主要归属于 30 名区域总经理，他们负责监督 120 名区域经理。在区域总经理之上，有 5 名集团总裁，他们直接向公司的首席运营官汇报。尽管集团总裁都是高层，但大多数经营决策都归属于区域总经理。当公司的首席运营官想知道全球市场发生了什么时，便直接打电话给区域总经理。

通过组织设计计划得出的结论是，必须整合一组新的地理区域来消除区域管理的一个层级。这将导致许多区域管理角色被合并。这项变革的效果是，扩大了各级控制范围，同时巩固了区域基础结构和支持职能，这样做有时在区域层面最有意义，有时在集团层面最有意义。

另外，一支由人力资源人员和总经理组成的团队已经完成了关于全球综合管理领导梯队中关键人才缺口的诊断研究，这是对没有完成内部搜索“A 级优秀队员”以填补关键位置的回应。很明显，这两项举措在重要方面相互影响。我们与执行委员会合作，定义了 CPG 品牌公司的问题陈述。

在问题陈述中清晰地表明了组织和领导人才所面对的挑战是如何相互作用的。作为一家跨国公司，CPG 拥有悠久的传统及强大的核心品牌，这为国际化高管增加学习经验提供了机会。关键是要使学习成为定义新角色及其中关系的优先事项。

第一项任务是澄清总经理角色之间的差异，区分反映其对业务的价值（作为市场导向的工作评价基础）及其对全球领导者发展的价值。尝试根据市场发展、成长潜力、当前收入、监管环境的复杂性及外部利益相关者利益的多样性等标准对职位进行分类。考虑到可预见的领导者挑战，团队开发了一个 2×2 的网格，将市场发展情况与决策复杂性并列。一组标准定义了矩阵中的每个轴：

决策复杂性标准

- 单一国家与多国家地区。
- 直接下属的职能范围。
- 政治和监管因素。
- 过去历史带来的特殊战略挑战和困难。

市场发展情况标准

- 贸易发展程度（客户规模和国际影响力）。
- 分销渠道的复杂性和多样性。
- 当前交易量和盈利能力。
- 市场营销组合的性质。

市场的增长潜力覆盖矩阵的第三个维度。各国市场被划分为四个象限，突出了高增长前景的地区（黑色粗体）。从领导力要求的角度来看，这四个象限确定了市场中最重要的差异。

接下来，团队确定了集团总裁应具备的基本经验，以便指导总经理遵循正确的经验路径。图 12.2 说明了基本经验。椭圆形表示不同类型的市场经验。团队的结论是，所有渴望成为集团高管的领导者都需要在三个椭圆中的至少两个担任过职位，并拥有高级市场营销或客户管理方面的经验。之后，团队还为有抱负的总经理确定了必要的实践经验。

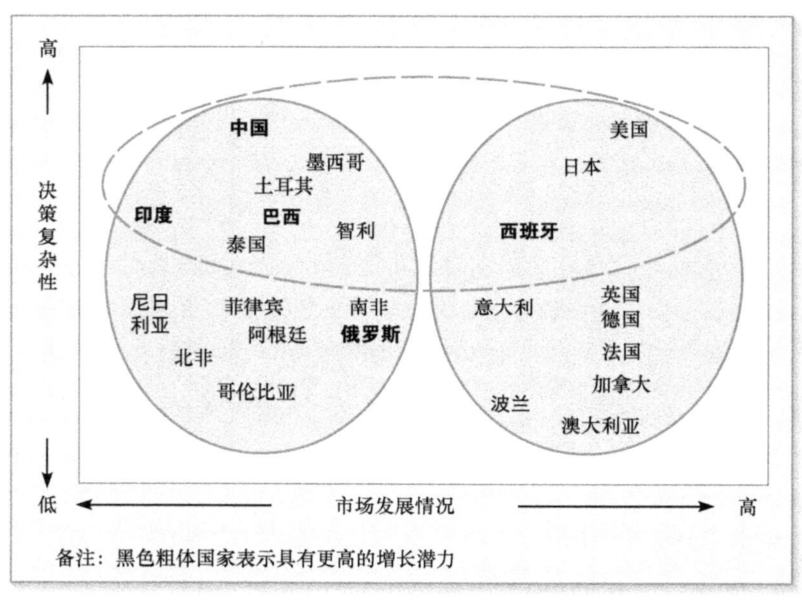

图 12.2　CPG 公司区域总经理的基本经验分类

随着时间的推移，团队开发了一套指导各岗位轮岗的计划、选拔过程和指导工具。CPG 品牌公司使用这样的框架来指导人员配备和继任计划决策，这些决策着眼于培养未来的高级管理人员，所以要更好地选择候选人。通过这种方式，组织结构、领导角色和领导者发展成为一体化的整合设计。

里程碑四总结：人才与领导者

第 11 章：设计领导组织

- 应根据公司的运营模式和需要构建的能力来设计领导结构和角色。
- 设计高层管理团队的汇报关系有多种选择。最佳选择将基于以下因素：高级管理人员希望在哪里花费时间、直接报告的角色范围、使工作有效的方式，以及扩大控制范围的好处。
- 必须通过对要完成的整体工作进行综合考虑，以及对业务战略目标的关注，来定义领导者的角色。
- 领导梯队模型和其他框架可以帮助清楚地区分每个业务层面的高管和经理的角色。应有意识地设计组织层级，以适应工作的复杂性。在大多数情况下，从入门级专业人员到首席执行官，最多只需要六个层级。
- 应定义高管团队的角色，以便明确管理人员在一起时，团队或团体的工作是什么。执行委员会有四种类型，公司的运营模式在很大程度上决定了执行委员会是一个紧密结合的团队、个人成员的集合，还是介于两者之间的状态。

第 12 章：做出正确的人才选择

- 应将建立新组织视为一个重要的机会，以提高公司的整体人才水平，并确保合适的人员处于合适的位置。
- 关键职位——那些对业务成果产生巨大影响的职位应该受到最严格的审查。这些关键角色的人才应该来自内部和外部的最佳人才库。
- 如今大多数公司都需要认真思考如何将资源从过去的工作转移到可以在未来取得增长的活动上。这种转变需要艰难的决定和训练。应尽一切努力进行职位和人才的审查，以便在可能产生最大影响的地方重新利用稀缺资源。
- 组织设计为培养领导者提供了很好的机会。可以在组织中构建经验路径，以确保新生代领导者能够面对业务复杂性、国际市场、不同业务模型，以及团队规模和成熟度的变化适时做出调整。

里程碑五：过渡

里程碑：你在领导变革，并准备好进行衡量、学习和调整

宣布变革不是终点。我们的一个客户所进行的观察提醒我们，组织设计的工作并不以结构、流程和人员配置决策作为结束。向新设想的未来状态过渡的质量与设计决策的质量同等重要。

美国企业领导者委员会发现，组织结构变化没有达到预期效果，通常有三个主要原因。首先，领导者不清楚他们的角色，不确定他们的目标和目的，以及角色、目标和目的在新组织中的变化。他们恢复了旧的、熟悉的行为模式。其次，变革扰乱了决策制定过程，给权威带来了不确定性，进而导致决策和创新过程缓慢。最后，员工信息网络崩溃。与同事的专业关系被切断，管理层获取的信息减少，即使设计意图可能是增加协作，但整体业务的协调能力已经受到影响。结构变化改变了旧的行为模式，但仅靠结构变化不足以构建新的行为模式。

我们与组织合作的前提是，我们正在塑造下一阶段的发展，而不仅仅是修复当前的状态。我们不仅在改变，还正在构建新事物。很多时候，好的设计表现不佳，因为过渡的工作还没有完成。组织发生了变化，但并没有完成重建工作。

如今，大多数高管都希望推动文化、行为和技能的变革，这是过渡的一部分。这些更深层次的变革可能需要 24～36 个月才能生效。当设计变革更复杂时，澄清目标便非常重要。实施或过渡是将组织推向未来状态的一系列步骤，在每个关键时刻都有机会学习和微调。

当组织发生变革时，不可能计划好所有潜在的情况，一启动便开始轻松变革，期望所有人都能完美地工作。相反，我们建议采用实施计划方法，这个方法旨在预测 80%需要变革的事物，关注杠杆的关键点，诚实地与员工沟通，并在此过程中提供反馈和进行调整。根据变革的复杂程度以及领导者认为变革需要发生

的速度，变革周期从几个月到几年不等。

本书的这部分分为两章：

- 指导你设定变革目标，确定节奏与速度，并对权力的重大转变进行排序。
- 协助制订计划，使高管团队能够最好地管理过渡工作。

第13章

制订实施计划

要实质性地重组一个组织，需要对相对复杂的任务进行排序并掌控好节奏。有些任务可能是项目本身，或者与更大型的项目捆绑在一起的项目。在确定需要管理的任务列表时，加尔布雷斯的五星模型是个不错的开始。五星模型的每个星都可能包含许多实施项目，如对流程的重大改造和对激励系统的重新调整、启动新团队、重新分配物理空间，以及评估工作内容和职责。不用说，每个细节都非常重要，然而在开始前，首先必须对目标有清晰的了解。

定义变革目标

在一次重大的组织调整中听到中层管理人员说："对于目前需要调整的很多部分是如何互动叠加的，还有许多未被解答的疑问。我希望我们能够更清楚地了解目标。"这样的情况并不少见。

有时很难确定组织设计的最终状态，今天看起来合适的"飞行编队"可能在三年内就会有所不同。但目标，作为可预见的目的地，是可以而且应该被定义的。关于未来状态的坦诚沟通增加了过程的可信度，并有助于避免人们认为领导者正从一个想法蹦到另一个想法。最好说出已知的事情，坦率地说明不知道的事情，并保持双向沟通的开放。

将目标限定为“我们此时的最佳估计”也是可以的。很多时候看起来合理的最终状态就像一座距离很远的桥梁。这段旅程可能充满了障碍和反对全面调整的争论，于是管理层决定设定一个临时目标，然后再评估进一步的选择。是否采取更积极的变革选择，取决于能力开发的速度和外部市场的变化速度。

图 13.1 显示了一家医疗产品公司未来选择的连续性过程，公司试图从地域性组织转变为强大的产品和客户矩阵组织。这个连续性过程呈现了公司从现状到彻底改变的过程中，对运营模式和组织设计进行的各种选择。图 13.1 对于说明重新调整的过程非常有用。就该医疗产品公司而言，管理层在两年破釜沉舟的变革中表现出很大的勇气和很高的清晰度。高管们坦率地指出，他们会在变革的过程中不断学习，并在达成第一个目标后再决定是否会继续沿用之前制订的计划。

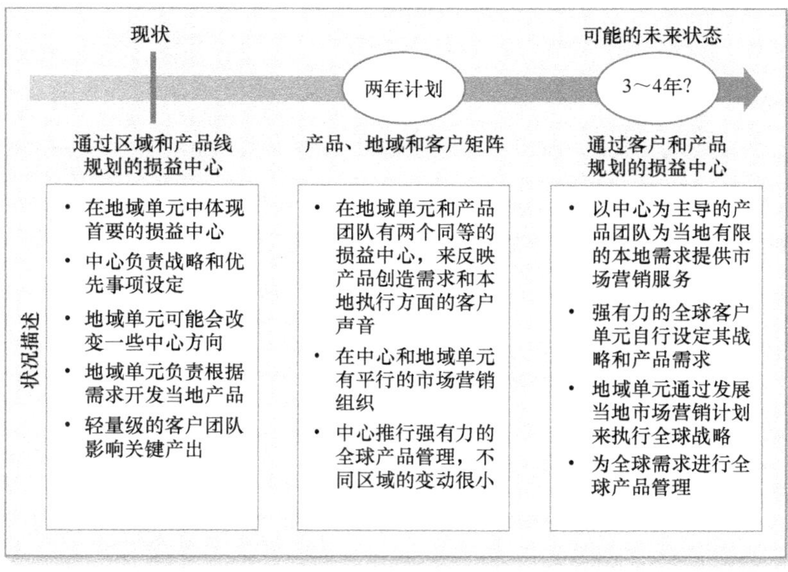

图 13.1 医疗产品公司未来选择的连续性过程

在变革过程中，有许多关于设定目标和与之相关的故事的争论。当故事中出现空白时，感到焦虑的人更倾向于填补这些空白。最糟糕的做法是管理层在向未来进发时对相关信息有所隐瞒。也许明确的目标和一系列节点更重要的作用是，让高管团队专注于管理过渡工作。

主要任务的阶段和节奏

多年来，在我们参与的几乎所有重组计划中，管理层中都会有不同的声音，有的管理者主张采取有步骤的措施，避免创伤性的突然变化；有的管理者则认为速度很关键，“慢慢揭开创可贴”会比“快速扯掉创可贴”更痛苦，所以领导者必须选择适合企业的方法。然而，现实情况是，外部环境的变化速度推动了我们所知道的大多数企业采取比高管团队的适应速度更快的速度进行变革。

“大爆炸”与阶段性方法

方法的选择会受到变革根本原因的影响，如果企业目前处于健康状态，但设计变革是由预期的战略变化（新技术或新竞争对手）推动的，那么逐渐演变可以很好地发挥作用。随着时间的推移不断变化，而不是突然改变一切，这对于员工来说不会让他们感到不安，使其有时间构建新的能力，并创造从当前核心业务到新的增长和盈利来源的有序过渡。

但是，有两种情况可能需要使用“快速扯掉创可贴”的方法。在第一种情况下，业务方向的明显变化已经开始，结构不适合新战略。如果战略选择明确，而且竞争压力使迅速恢复市场份额或阻止财务损失变得至关重要，那么快速行动往往是有意义的。首先，改变基本结构，为驱动新的能力构建明确责任所有权。其次，创建工作流，努力完成其他变革及实施细节。

在第二种情况下，外部变化已经发生，并且当前的组织设计实际上阻碍了做出正确的未来战略选择。这是一种结构需要先于战略的情况，经常发生在非常适合过去的战略业务单元，而现在却成为整体的、以市场为中心的思维和决策的阻碍的时候。此时需要进行重大而明显的变革，以释放新的能量，进行新的对话并做出不同的决策。

试点是否有意义

开展试点是指选择一个区域进行变革，而组织的其余部分保持当前状态。试点的吸引力在于它可以控制变革的风险。开展试点的关键是要清楚为什么进行试点——是想通过试验了解具有真实变革可能性的部分在哪里，还是已经决心实施变革，但在全面实施之前先在较小范围内实施以进行学习？

只有当开展试点的单元由较大系统的全部或大部分元素组成时，试点才会生效。例如，如果设计将改变区域客户服务组织的结构，那么选用一个区域作为试点，然后进行学习和调整，然后在其他区域进行相似的变革可能很有效。相反，如果新设计涵盖整个业务单元，那么开展试点不太可能是一个有效的测试。例如，如果设计改变了区域客户服务中心与集中式客户服务运营部门之间的关系，则单个区域不可能在整个系统不变的情况下改变。这种试点的结果很可能会不理想。试点的失败可能被归因于设计逻辑中的缺陷，企业会由于错误的原因而放弃变革。

如果有令人信服的理由来改变组织，而开展试点只会产生有限的学习并延迟重要的业务成果，那么全面、协调的实施可能是一种更好的方法。

对过渡进行排序

节奏不是唯一的问题，只关注它可能会产生误导。结构的变化对于调整权力和行为不一定总是有效的。正如我们所讨论的，有时结构变化的目的在于表示战略的重大转变，并打破从前熟悉、舒适却不再有效的决策模式。如果组织变革是系统性的，那么最后再改变结构也是可行的。重新调整工作流、改变制定关键决策的规则、改变衡量指标，以鼓励和奖励不同行为，或者开发构成所需能力基础的技能，这些都可能是重新开始的地方。

重要的是要考虑重大事件的排序或阶段。关键是挑选出所谓的关键路径项目，必须先完成这些项目，才能为后续成功打基础，即只有完成了这部分，其他部分才可能成功。有时应该怎样排序是很清晰的，有时需要主观的判断，这里并没有统一的公式。一个明智的选择是通过加尔布雷斯的五星模型来确定最主要的变革区域。高管团队可以围绕五星模型所代表的内容进行思考："在其他设计成功之前，哪些是需要优先实施的设计？"

过渡的主要障碍可能包括：

- 向最高管理层直接汇报的结构。
- 较低级别或子单元内的结构。
- 主要业务流程实施或重新设计。
- 重新调整信息和报告系统。
- 业务单元或整个企业的搬迁。
- 技能组合的重大调整。
- 重新调整衡量指标和激励系统。

一旦对主要变革区域进行了排序，并确定了每部分的详细活动项目，就需要将它们标注在日历中。甘特图是最受青睐的工具。样本如图 13.2 所示。甘特图基本上是一个条形图，用于说明项目进度，发布每个活动的开始和结束日期。可以首先完成用于讨论基本排序和时间的宏观框架，然后构建更详细的版本，以验证时间预估是否恰当、合适。

过渡计划的例子

为了说明实施方案如何适应战略需求和背景，我们在这里举两个例子。

系统整合者。我们的一位客户设计了一个新的全球业务单元，作为一个更大的业务单元内的整合系统业务单元。结构变化似乎相对简单，但通过五星模型的审查，揭示了在结构转变之前所需要完成的关键路径项目。销售组织需要在解决方案式销售技能方面进行重大转变。改变销售队伍的技能组合并不是一件容易的事。面对将有 12～18 个月延迟推出这个新业务单元的情况，总经理经过与集团总裁的协商，雇用一些系统销售人员来协助推出新业务，同时为业务中现有的销售人员提供培训和辅导。

业务单元的启动是分步进行的，高管团队成员有计划地加入——从市场营销负责人开始，随后是产品开发负责人。然而，直到新的销售能力构建开始取得进展前，总部的组织都没有进行重组，解决方案式的销售是作为一个跨职能项目进

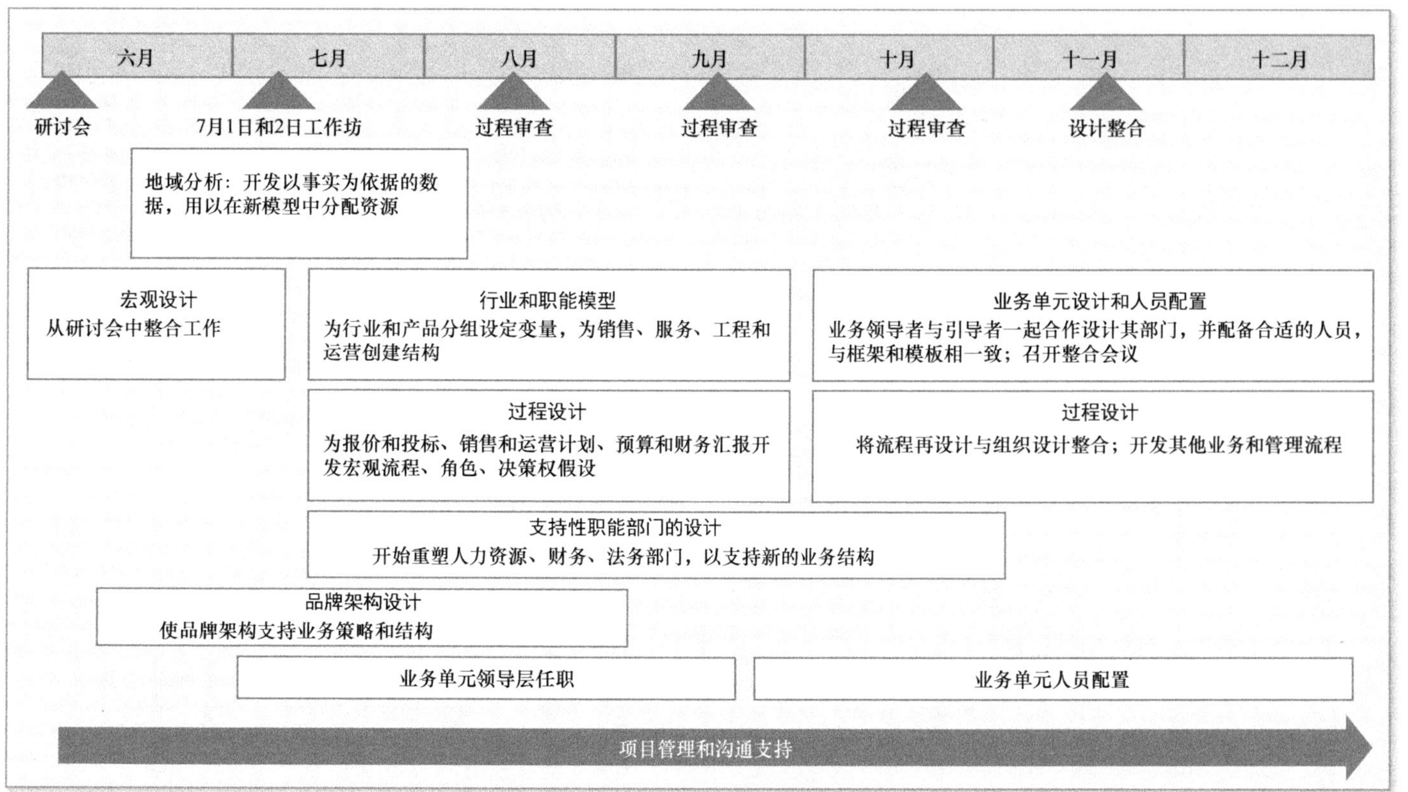

图 13.2　组织重新调整的宏观层面甘特图

行的，以确保它不仅是一种销售能力，还是一种新的经营方式。在此案例中，人的发展先于其他变革。

电厂承包商。日本一家大型电厂承包商，将专注于全球技术的业务单元重新调整为地域市场单元。但是，这些新授权的区域客户业务单元，也必须在安全和合规领域使用共同流程，并采用共同的项目盈利能力衡量指标。在中央流程负责人制定强有力的流程以指定和协商主要合同，以及提供可以从单独的技术组织中获取价值的工程项目之前，组织的转变是无法实现的。流程定义工作表明，治理和决策权是确保这些合同和项目（有时价格高达数十亿美元）得到妥善管理的关键要素。设计业务流程并在整个组织内完成多轮决策权草案，需要将近 18 个月才能完成。

在此期间，两个欧洲国家成为实施的试点市场。显然，这不是对新组织的全面测试，但大家都认为可以从试点获得有意义的学习，并有助于之后更大规模的推广，特别是在为这些区域市场单元提供资源，以及了解当地领导者需要如何协调客户和企业技术中心这两方面。在这个例子中，实施方案由流程变革所引领，结构变革的试点则被视为测试和学习的机会。

第 14 章

应对过渡时期

完成组织设计工作的公司会因为高管团队致力于领导艰难的过渡而脱颖而出。一位首席执行官最近向他的执行委员会发出声明："我们的新组织正在制定框架。但正如我所看到的那样，管道和电力系统将需要一年的时间来安装，在那之后还需要一年时间进行调整。"他每个月都会召开几乎全体员工参加的会议，以管理第一年的过渡。人员在新角色中重新调整，他继续在第二个完整年度的每个议程上讨论过渡主题，以调整团队正在实施的复杂矩阵中的权力关系。

在最初的 18 个月内，新组织的表现非常出色。巨大的能量储备被汇集到主要的增长机会中，矩阵中各种各样的角色努力工作，充满创意地管理冲突，以及贯彻实施计划。首席执行官在开始时已经明确表示没有回头路，他与其直接下属一起在第一线工作，发挥杠杆作用，以使新组织按照他所设想的运转起来。

领导过渡工作

一旦制订了基本的过渡计划，高管团队应该组织启动研讨会，列出第 1～3

个月的领导议程，并在随后的 3～9 个月内，创建高级别宏观层次的事项。这个议程会随着时间的推移而更新，细节因公司和情况而异，但在第 1～3 个月总会有很多事情要做。图 14.1 说明了在组织重组的前 12 个月中典型的实施和过渡活动。

启动 第1～3个月	保持势头 第3～6个月	学习和调整 第6～12个月（及以后）
匹配期望	继续监督重新设计流程和其他工作流程	让员工积极参与并就变革的运作方式提出诚实的反馈意见
设置管理程序	管理治理杠杆，以重新平衡权力	跟踪行为，识别并庆祝积极的变化
建立必要的网络和委员会	根据项目进度跟踪进展并采取纠正措施	根据新的期望衡量业务成果
匹配每个子单元的设计和任务	管理因决策权和资源而产生的冲突，将此作为教学时刻	开始规划跨边界的人才发展
设置衡量指标	重新调整汇报系统，确保有效数据可用	重新检查运营模式并确保权力被平衡
最终确定决策权并进行沟通	重新调整预算所有权	
启动工作流	管理“转折点”	
管理人员配置流程		
级联与关联新的业务目标		

项目管理和双向沟通

图 14.1　在组织重组的前 12 个月中典型的实施和过渡活动

第 1～3 个月：启动

重新配置的高管团队的启动是甘特图中的一个重要项目，因为它启动了运行组织变革项目及管理业务的程序。设计工作完成后，新的高管团队渴望重新开始运营公司。但是，他们作为领导层的有效性将在很大程度上决定过渡阶段是否顺利和成功。在新的高管团队进入常规会议模式之前，应该仔细设计和引导前几次会议。每个成员都应该收到他自己的“主设计书”，其中包含所有关键设计文件，如设计标准、组织结构图、任务、角色定义和决策权草案。这可能是一份技术含量较低的材料，在实施的前 3 个月内可以经常调整内容。

高管团队第一次启动会议议程，通常会确定未来 1～3 个月的工作。议程开始部分会告知新上任的领导者他们需要了解的相关变动，高管团队可以将这些过渡期间的领导者主题与其他业务项目相结合。启动阶段通常充满混乱和不确定性。人力资源的关键作用是创建“一揽子会议”模板和材料，帮助中层管理人员以级联的方式在他们自己的组织中进行类似的启动会议。通过这种方式，管理人员可以更好地引导自己的团队为完成变革做好准备，与高管团队保持一致。

让我们来看看高管团队在第 1～3 个月内需要监督的关键过渡项目。

匹配期望。由于重新设计了工作，高管团队可能会有一些新成员加入；现有成员的角色可能已被改变；或者实施计划中预期有些成员的责任会发生变化。将整个团队重新围绕原始设计标准和新设计的基本原理进行重新调整是至关重要的。组织中的成员将从这里开始，建立对高管团队的预期。每个团队成员在过渡过程中的角色都需要明确，并且项目计划要经过测试，能够被团队成员理解。

设置管理程序。应根据商定的高管团队章程，在流程的早期设置新团队的管理程序。例行程序将说明团队开会的频率、讨论哪些议程项目、如何制定决策，以及期望如何在正式会议之间进行互动和协调。应根据新组织的衡量标准设置业务控制板。实施变革的前三个月的会议节奏可能比之后频繁得多。

建立必要的网络和委员会。高管团队应确定需要特别建立和激活的网络和委员会，以便和组织联系在一起。我们在里程碑三中强调：要整合互动网络的力量，推动创新、创造力和跨公司的业务建设活动。精心设计的网络应该成为变革过程中的优先事项。明确意图、角色和成功的衡量标准，对于控制会议的数量和不必要的复杂性至关重要。高级管理人员应该坚持章程并阐述明确的理由让这些团队会面，他们需要起到榜样的作用，帮助激发围绕“无边界”创新的热情。然后，委员会需要有自己的例行程序并使用它们！

匹配每个子单元的设计和任务。高管团队成员可能需要根据总体设计目标重新调整或完全重新设计组织的组成部分。在做出关于结构、角色或人员配置决策之前，我们鼓励每个人完成一个小型设计流程，即阐明策略、制定设计标准并评估一些选择。如果组成部分比较复杂或变革范围很大，高管团队成员可能会受益于模板工具包的使用，以指导他们完成思考过程，以及协助支持整个过程。高管团队成员聚在一起分享他们最终的详细设计。正是在这时，设计过程从一项偏理论的活动转变为充满细节的真实决策集。由高管团队成员设计和比较的组织的各部分会慢慢呈现出来，高管团队成员往往会对各种问题做出不同的假设。

设置衡量指标。通常，早期设计工作会产生一整套业务和主要单元的衡量指标草案。高管团队通常会审查这些草案并进行重大调整。这是确保跨职能部门相互协调和匹配的机会。每个高管团队成员都将拥有一系列与业务目标相关的个人绩效目标。除非组织的运营模式是真正的控股公司，而高管团队成员之间没有相互依存关系，否则应该通过共享指标创建一些共同责任。共享跨业务流程或项目的成功创造了一致性，并以非常真实和切实的方式促进了协作。

最终确定决策权并进行沟通。决策权是治理杠杆模型所建议的有用边界之一。我们已经主张在决策权流程中让人员广泛参与进来。这些文件（如 RACI 或类似的表格会并列呈现关键决策和业务中的主要角色）应该由设计团队成员和主题专家提前准备和审查。现在，新的高管团队将详细研究它们并进行编辑，然后再发布它们，以进行跨职能部门和组织内部的广泛审查。在矩阵组织中，最好在 1 个月内收集有关这些表格的反馈，然后将其带回高管团队进行另一轮的审查、讨论和编辑。只有在这些文件经过广泛的实践测试后，它们才能开始在组织中赢得可信度。

冲突往往会在实施的最初几个月出现。这是将决策权付诸行动的时候，每一次经验都应该被视为学习如何使矩阵发挥作用的机会。

启动工作流。如我们所见，重新设计计划的范围决定了哪些设计元素将被包括在内，以及它们在实施计划中是如何排序的。在主要的设计计划中，诸如流程重新设计或共享服务职能的创建等组件，被分配给了自行管理其详细项目计划的工作流团队。这些工作由于其复杂性不同，交付周期可能从几周到几个月不等。高管团队的职责是确保这些成功因素到位并明确提出预期的结果和时间框架。

管理人员配置流程。一旦高管团队落实到位，其成员通常会迫不及待地承担起他们的职责，并把他们的团队人员快速配置好后，马上准备启动。这可能造成真正的混乱，当然也无法确保制定高质量的人员配置决策。为了实现我们在里程碑四中所描述的卓越人员配置，特别是对于关键岗位，高管团队应该同意按照一些通用原则和惯例一同承担这项工作，首先是与高层团队达成协议，不轻易做出承诺，不做幕后交易，这通常是团队成员之间建立信任的早期测试。

我们概述了里程碑四中人员配备的关键原则。高管团队应该监督这个过程并清楚地认识到，现在放慢速度，让合适的人员从事合适的工作，这意味着以后的进展会快得多。即使企业的运营模式预计不会有太多的整合及跨部门人才流动，而且 95%的人员配备建议是由团体决定的，这仍然是一项有价值的活动。它提供了一个早期的规范，即通过企业视角观察人才，使整个团队都能看到有价值和高潜力的人才，并展示出利用新角色作为发展任务的机会。

级联与关联新的业务目标。在最初的 2 个月左右的时间里，关键是向扩展的高管团队推出一套个人目标。目标的一致性是至关重要的，尤其是在战略变革推动组织变革的时候，这一点再怎么强调也不为过。重大的组织重组期间，是在整个组织中做目标级联及与不同部门间目标关联的最好时机。变革缘由、设计标准、部门任务和角色定义都有助于确定各个目标应如何在不同单元之间建立联系和进行协调。

一旦领导团队确定了整合的关键领域和矩阵中的对接点，他们就应该交换目标草案，检查一致性并协商确定相互支持的需求。高管团队成员是这些实践做法的榜样。这样做可以促进成员在组织中经常见面，以便在所有设计部分到位后，搭建协助各部分沟通协作的桥梁。

第 3～6 个月：保持势头

通常在大约 3 个月之后，保持一定的势头会带来阶段性成果，因为相比最开始的混乱，现在的一切变得更加确定。高管团队可能从这个时间点开始失去对过渡的兴趣，并假设事情会自然而然向好的方向发展下去。这是值得注意并警惕的，最好的方法是确保高管团队得到关于进展的持续反馈。组织中的人力资源主管可以进行员工满意度调查，尤其是矩阵中的关键节点。

管理层会议议程中应继续保留过渡管理，如每月至少几小时。耐克的品牌总裁查理·丹森（Charlie Denson）在近两年一直将组织转型放在月度会议的议程上，因为在 2006 年和 2007 年公司从基于产品的组织转变为基于消费者品类的组织。几个工作流程的负责人（管理诸如新报告系统、大规模上市流程重组，以及销售规划委员会新技能的开发等主题）定期汇报他们在此期间的进展情况。问题得到了实时解决，结构调整、人员配置和变革步伐被持续管理。丹森将整个过程早期的组织转变描述为耐克面临的最具挑战性的变革之一，事实证明，这是有效实施的典范。

以下是一个典型的过渡活动列表，在 3～6 个月的保持势头阶段仍需要高管团队注意：

- 继续监督重新设计流程和其他工作流程。
- 管理治理杠杆，以重新平衡权力。
- 根据项目进度跟踪进展并采取纠正措施。
- 管理因决策权和资源而产生的冲突，将此作为教学时刻。
- 重新调整汇报系统，确保有效数据可用。
- 重新调整预算所有权。
- 管理“转折点”（参见本章“转折点”部分）。

第 6～12 个月（及以后）：学习和调整

在实施的后期阶段，进度审查的频率会减少，但纪律性和原则不应该动摇。如果主要的设计工作是为后期的实施准备的，如新共享服务单元的部署或主要新业务流程的激活，那么这些工作可能需要在特定的时间点上得到管理层的支持。支持性职能部门（如财务、信息技术或人力资源）的端到端重新设计，通常是在大型企业过渡期的这一阶段开始的。高管团队应该让小组负责，以确保他们正在基于共同框架进行自己的设计。随着新职能部门设计的实施，高管团队需要支持运营业务单元内部的变革。

高管需要在现场倾听，并在此阶段向领导及其同事提供反馈。内部组织发展人员和人力资源工作人员需要进行诊断工作，并提供客观数据及改进绩效的想法。

过渡期的第 6～12 个月是合适的收集数据的时机，以找到早期指标，表明组织调整正在构建预期能力。领导者还需要关注那些认为自己在重组中失去地位和影响力的人员的情绪。让员工理解商业论证虽然很重要，但同样重要的是让他们在情感上参与到对自己所做贡献的新理解中来。如果变革被认为是对过去使企业成功的人员的辛勤工作的否定，那么自然就会产生阻力。IBM 在 20 世纪 90 年代的历史性转变是由许多战略事件推动的。IBM 之所以成功，是因为它能够将其身份从一个制造计算机的全球团队转变为一个能够解决棘手的商业问题的团队。

过渡期的一个主要部分是帮助个别员工了解他们的身份是如何转变的，以及他们需要做些什么才能在新环境中取得成功。在组织结构调整的情况下，这对于可能在未来放弃权力和影响力的传统职能单元中的人员来说是最重要的。

以下是在学习和调整阶段可能留在高管会议议程中的项目：

- 让员工积极参与并就变革的运作方式提出诚实的反馈意见。
- 跟踪行为，识别并庆祝积极的变化。
- 根据新的期望衡量业务成果。
- 开始规划跨边界的人才发展。
- 重新检查运营模式并确保权力被平衡。

转折点

我们之前与一家消费品公司合作，该公司成立了一些全球客户部门，将一些非常强大的零售商的意见带入整个业务流程，包括从新产品制造到市场营销和供应链管理。公司建立了一套正式的决策权，并且新的高管被安排在关键的业务团队中。但在一年多的过渡期里，首席执行官对这些职位在决策过程中产生的影响感到失望。

沃尔玛和家乐福比这家消费品公司在为购物者创造差异化产品的能力方面表现出更高的响应性。在与一位客户进行了一次特别热烈的会谈之后不久，公司的首席执行官做出了一个举动，这成了一个转折点——权力更迭，使公司朝新的方向发展。他将一组核心预算项目从非常强大的产品部门转移到了客户部门，这一举动的象征意义在其文化中是巨大的。

我们在与客户合作时发现，找到转折点是高管团队驾驭组织转型的一种强有力的方式。在组织变革背景下，转折点是由组织做出的有形行动或决策，被解读为组织正在发生一些非常不同的事情的证据。它们是象征性的行动，因为它们在改变权力动态方面具有不成比例的影响。它们发出信号，但它们是非常具体的，经常打破之前不可侵犯的人和事物。一系列转折点作为从目前状态到未来状态稳定过渡的一部分，可以被精确地绘制在长期或短期甘特图上，以便在恰当的时间触发。基于先前事件的影响，组织可以延迟或提早触发转折点。从这个意义上说，可以把转折点当作一套强有力的工具来使用，供高管在过渡计划中指导、引导和修正他们的做法，在平衡矩阵关系时尤其有用。

当某个业务单元或职能单元拥有将权力运用到工作中，以使业务受益的专有技术和能力时，最好激活赋予该单元更大决策权和影响力的转折点。同时，转折点还应根据外部事件来衡量和开启。例如，当一个新的业务单元开始开发更多在本地市场上获得吸引力的全球产品时，产品开发的权力和资源就可以从当地的地域单元转移走。治理杠杆模型建议的诊断措施可以用于衡量结果和指导转折点。

第 13 章的医疗产品公司为其过渡设定了两年目标，展现了如何使用转折点，如图 14.2 所示。

虽然业务强劲且成功，但高管团队希望转变战略和组织，以更多地关注未来的增长源。全球客户要求更多的跨境协调和捆绑解决方案，而不是独立的单个产品。各地区和产品线的销售人员开始内部竞争。矩阵中的权力需要从产品部门较弱、客户团队甚至更弱的主导地区，转移到客户团队强大和授权范围更狭窄的地区。

高管团队还认识到，这对于公司来说是一个重大变革，因为长期以文化和激励制度运营的公司更侧重当地响应而非全球合作。领导层表示，结构的变化可能在某个时刻发生。但是，经过几个月的一系列讨论，得出的结论是，“大爆炸”式的转变风险太大，特别是在分销渠道方面。

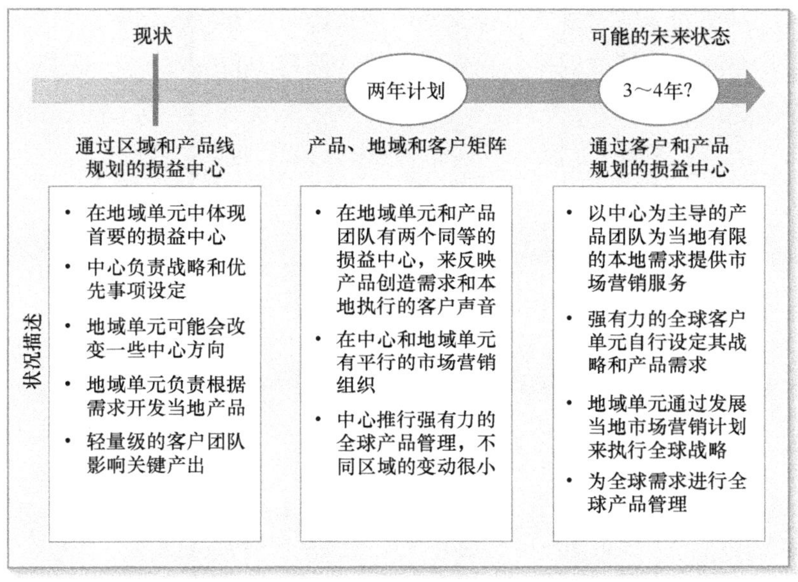

图 14.2　医药产品公司的未来组织状态

一份实施计划列出了一系列行动，从建立强大的客户管理角色开始。领导层将在一段时间内重新调整决策、指标、奖励和治理。转折点是医药产品公司转型的关键部分。一旦新的全球领导者到位，将依次触发转折点，以下是一些亮点：

- 在主要客户的所在地区建立小型全球销售团队；全球领导者根据区域投入进行任命（第 2 个月）。
- 全球客户经理参加区域高管团队会议（第 3 个月）。
- 产品设计决策是跨产品单元制定的，并体现了客户意见（第 5 个月）。
- 新预算年度开始：增加全球客户团队对费用资源的控制权（第 6 个月）。
- 人才评估开始将关键人才从区域角色转移到全球角色（第 9 个月）。
- 全球客户领导者在地区的所有销售和市场营销职位的人员配置中享有否决权（第 12 个月）。
- 全球产品占区域内产品的 50%（第 18 个月）。

在转移焦点和权力的组织重新设计中，你可以使用的最有效的转折点之一是，将重量级“球员”从传统业务转移到与未来状态相关的新位置上，这是一个发出重要信号的重大事件。很多时候，我们看到内部初创单元的管理者都在努力争取资源，以便和那些经营大型传统部门的资源富裕的同级竞争。只有当一位备受尊敬的传统业务高管被安排到初创单元担任管理者角色时，高管团队的对话才会开始发生变化。

里程碑五总结：过渡

第 13 章：制订实施计划

- 实施计划始于明确的目标，即关于未来状态的总结声明。即使在可能包含多个阶段的复杂变革中，定义长期状态也很重要，虽然只是预估，而且后期很可能会发生变化。
- 需要定义过渡的节奏。如果变革的压力不大，那么渐进的方法可能是有效的。但是，当战略发生明显变化或外部环境发生重大变化时，可能需要加快变革速度。在这种情况下，拖延只会使进展更加困难。
- 需要一个项目计划，以便投入精力并依据原则对实施进行管理。对流程中的主要步骤进行排序至关重要。项目计划中的关键点包括结构转变、业务流程变更、汇报系统的重新调整以及新技能的开发。这些变化应该按照构建所需能力的逻辑顺序发生，并反映组织的变革能力。

第 14 章：应对过渡时期

- 大多数项目实施过程可分为三个时间阶段：
  - 第 1～3 个月：启动
  - 第 3～6 个月：保持势头
  - 第 6～12 个月（及以上）：学习和调整
- 在启动阶段，领导团队必须积极参与。启动的关键要素是，就如何管理新组织及如何作为高管团队运作达成一致。应该在启动时建立新的管理程序，为新组织配备合适的人员。高管团队还将创建网络和委员会、设置决策权，并启动专注于特定设计任务的工作流。
- 在未来 3～12 个月及以后，领导团队将负责管理项目计划。典型的过渡任务包括流程重新设计、通过有效治理监督权力分配、管理冲突、重新调整预算和汇报系统，以及跟踪行为。新的组织安排不应被旧的规范所破坏。
- 领导团队应该找到一些非常明确的转折点（实践或权力分配的变化），这些转折点能够证明变革举措在真实发生，并且具有非常巨大的影响，如预算所有权的转移或任命高管人员担任新职务。

结论：组织设计在行动

进行组织设计变革不是一次性的决策。它是根据一组标准生成和评估备选方案的过程。复杂的是，需要让持不同观点的人参与进来，设计他们目前看不到的东西。组织决策将影响组织领导者和信任他们可以做出周全考虑的员工的工作、事业、地位和权力。企业历史和政治很容易扭曲为形成一个结构化、客观的决策过程而付出的努力。

组织设计最好被视为一个与任何其他重大业务变革或投资相同的项目，需要工具、关注和资源。在本书的这部分，我们通过设计过程的视角来看待组织设计——如何管理和领导组织设计项目以实现五大里程碑。

虽然每个项目都有其特定的流程，但我们发现，每个设计项目都包含一系列通用步骤。我们在整本书中使用的五大里程碑流程从宏观层面概括了这些步骤。在第 15 章，我们提供了指导方针，以确定谁将参与各个阶段的工作、如何从参与中获得最大收益，以及如何使项目与整体时间表保持一致。

我们坚信，在设计过程中吸纳广泛的观点可以提高决策的质量，并使过渡和实施工作更加容易。我们还认识到，许多领导者和人力资源人员感到不安，因为让一大群有代表性的人员加入讨论可能会使场面失控并分散注意力。在第 16 章，我们详细分享了如何规划和促进一次成功的大型团队设计会议——我们称之为“设计研讨会”，以加速设计决策。这一方法并不适用于所有情况，但高管和组织设计专家应该知道如何使用该方法。

本书的这部分是对正在开展组织设计项目的企业和组织领导者的思考，总结了为什么我们如此坚信组织设计是任何领导者都应具备的基本能力，并讨论了如何提高这种能力，以提高领导者在构建卓越组织方面的个人有效性。

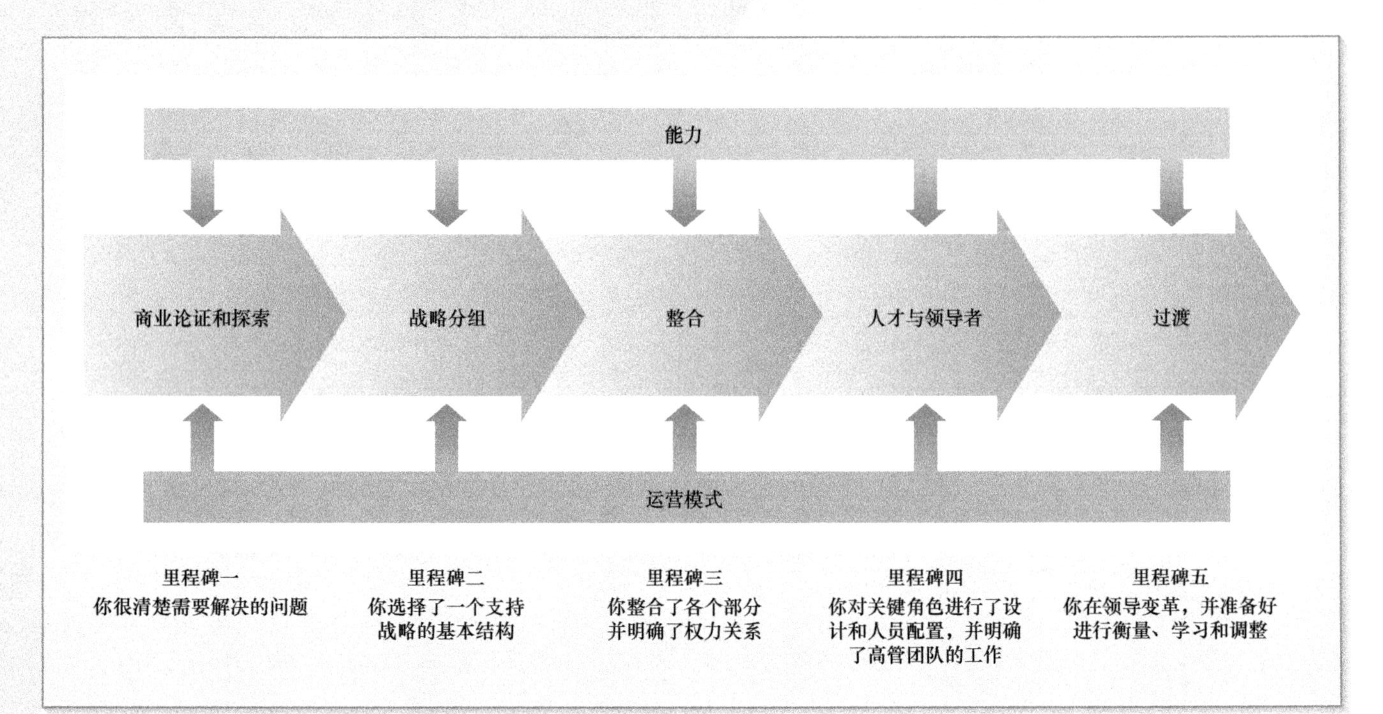
能力
商业论证和探索
战略分组
整合
人才与领导者
过渡
运营模式
里程碑一
你很清楚需要解决的问题
里程碑二
你选择了一个支持
战略的基本结构
里程碑三
你整合了各个部分
并明确了权力关系
里程碑四
你对关键角色进行了设
计和人员配置，并明确
了高管团队的工作
里程碑五
你在领导变革，并准备好
进行衡量、学习和调整

第 15 章

角色、参与和项目时间表

本章包括以下内容：

- 指导组织设计项目所需的关键角色。
- 不同的参与方式。
- 五大里程碑流程中关键活动的基本项目时间表。
- 构建内部组织设计能力的一些方法，包括对所需的内部咨询技能和能力的总结。

关键角色

清晰界定不同角色的内涵和职责将有助于组织项目的设计，其中包括支持项目的领导者、设计团队成员、员工和咨询专家。使用给角色命名的方法可以帮助大家达成一致的理解。

领导者

领导者是重新设计的组织单元中最高级别的人。领导者负责组织的设计决策，是变革工作的汇报对象，所有关于项目的工作均会成为其输入成果的一部分。

发起人

发起人与组织有直接的利益关系，通常是领导者的上级领导。如果领导者是 CEO，则发起人和领导者是同一个人，或者发起人也可以是董事会的委员。发起人可能会为项目提供预算和资源。发起人可能会也可能不会为设计选择提供输入。发起人不应该否决设计。更好的做法是，如果领导者的组织嵌套在一个更大的组织中，最好让发起人从一开始就列出必须遵守的任何边界或标准。通过这种方式，领导者知晓自己有权做出最终的设计决策，发起人会与其保持一致并表示支持。

高管团队

高管团队是指当前对领导者直接汇报的团队。在特定组织中，高管团队可被称为领导团队、管理团队、高级职员或其他一些术语。高管团队与领导者密切合作，制定战略和设计标准。由于高管团队的成员通常有维持已有权力及当前职位的需求，因此实际设计工作应包括下一层级的管理人员，以确保维持现状不会成为首选方案（让改变得以发生）。

人力资源及相关人员

业务单元的人力资源主管或人力资源业务合作伙伴经常担任组织设计的内部教练。即使人力资源合作伙伴不是组织设计的专家，他也需要了解主要的里程碑和原则，以及如何最好地构建项目以使其有效。人力资源合作伙伴指导领导者制定有效的流程、每个步骤需要参与的人员，以及所考虑选项对人才的影响。如果指导的对象是高管团队成员，人力资源部门也应该积极参与制定方案，并为内容讨论做出贡献。人力资源人员不应仅限于项目管理或引导角色。

组织发展专业人士

组织发展角色通常由公司内部人员或外部咨询顾问担任。如果人力资源领导者不熟悉组织设计流程，可以请组织发展专业人士进行协助。组织发展专业人士还可以引导会议，这样人力资源主管可以专注于为讨论做出贡献，而不是运行流程。组织发展专业人士还应对整个设计工作提供必要的信息，具体包括所需的工具、外部案例和组织设计模型。设置这个角色有益的地方还在于可以评估项目进程，以提供客观的数据和反馈。

核心团队

核心团队（有时称为指导委员会）在整个项目中负责制定流程决策（计划、参与、材料审查和外部咨询顾问管理）。核心团队通常由领导者、人力资源及相关人员、组织发展专业人士，以及财务或战略主管组成。因为涉及战略，组织设计工作也成就了战略实施项目，两者紧密相连。有时会增加一名运营领导者，以确保团队能够很好地与业务相结合。

让合适的人员参与流程

我们坚信，在设计流程中涉及广泛的视角，从评价到替代方案的生成和评估，这可以提升所做决策的质量，并简化过渡和实施的任务。但是，有些情况下需要限制参与人数。让我们回顾一下让员工参与设计流程的四种不同方式，从包含非常有限的人数（通常在比较小的范围开展）到更广泛的参与。

专家模型

在专家模型中，领导者与一小组顾问和内部或外部专家合作。即使高管团队也可能不了解这项工作。专家可能会采访少数“顶级队员”并提出一些设计概念。他们与领导者分享设计选择，然后领导者可能会寻求一些值得信赖的团队成员或同事的反馈。领导者做出决策，并仔细协调沟通计划以启动变革。如果重新设计将导致组织规模显著缩小，并且领导者知道组织的某些部分将被关闭或出售，则这种方法是适当的。在其他情况下，可能有些高管团队的成员将被替换。此时最好在更多人参与设计新组织之前，就决定并采取这些行动。

然而，即使在不需要限制参与人数的情况下，领导者也经常被这种方式所吸引。因为领导者感觉它更简便，破坏性更小。他们的想法是，“我们将在不分散员工精力并让他们完成今天工作的情况下，找出变革的思路。保持人员的小范围参与，默默完成任务，避免谣言和焦虑”。这种方式存在的问题与设计决策无关。尽管我们确实发现更多的参与通常会产生更好的想法，但领导者可能会提出非常合理的想法。问题是，如果没有早期的公开参与和讨论，实施的节奏就会放缓。高管团队的其他成员和更广泛的管理团队必须经历与领导者相同的思考过程，探索和排除选择，并了解最终结果背后的基本原理。通过有限参与的设计过程所节省的时间，会在更长和更复杂的变革管理任务中丧失原本的优势。

高管团队作为设计团队

在这种情况下，高管团队与领导者密切合作，以开发和评估可能的设计选择。如果希望进行重大变革，并且高管团队以下层级的能力水平不太高，那么将初始设计参与限制在高管团队中可能是有意义的。当高管团队合作良好，并且需要快速做出决策时，采取这种方式比较容易成功。在领导者与高管团队密切协商做出顶层设计选择之后，可以引入更多的员工来详细设计并参与实施。

高管团队可以倡导这种方式，它可能是有效的，但也有一些缺点。因为直接向领导者汇报的团队往往是设计过程中最缺乏安全感的——他们过去的成功已不再是未来所需要的，至少他们的一些角色或权力基础可能会发生变化。我们发现高管团队成员倾向于捍卫现状。根据经验，高管团队成员往往只看到组织其他部分的问题，很少检视他们自身。他们的观点自然会被每种变革选择对其个人抱负的影响所左右。外部咨询顾问可以发挥催化剂作用，挑战高管团队的观点，但前提是顾问非常自信并愿意冒犯利益相关者，同时可以得到顶层领导者的支持。

委派设计团队

在这种方式中，高管团队识别出其下属中的一小部分高潜力员工，并指派他们探索不同的设计方案，设计团队向领导团队提供一系列备选方案和建议。这种设计方式对所涉及的工作人员具有吸引力，因为这种方式可帮助工作人员积累行动学习发展经验，同时拓宽变革视野。

我们通常会发现，只要得到以下这些支持，包括有效的组织设计专业知识、一些项目管理协助，以及对业务环境和最佳实践的外部思考，设计团队就能完成优秀的工作。因为共同参与了实质性的学习活动，设计团队成员通常会成为紧密结合的团队。

委派设计团队的一个问题是，高管团队没有参与设计流程或设计选择。如果仅允许高管团队评审流程和选择，而不是完全参与开发和对它们负责，则高管团队倾向于默认最保守的选择，因为他们没有经历设计团队经历的上述学习过程。我们看到过许多设计团队努力提出诚实且有创造性的建议，却因为发现自己陷入了“地盘之争”而感到沮丧。通过这种方式，领导者最终获得的可能是对于哪些选择不能成功的争论，而不是为新的未来激发驱动力的过程。

多层级的设计团队

我们发现，一个多层级的设计团队能够将高管团队成员及其下面两三级的管理人员混合在一起，获得最佳输入，并解决上述方式带来的问题。多层级的设计团队可能包括少数被视为业务思想领导的人员，他们亲自参与大多数或所有设计任务。多层级的设计团队可能是一个相当大的团队，他们在设计过程早期将多样化的观点和创造力带入流程中并定期参与，然后在设计过程的后期有针对性地参与较小范围的工作。这种形成大型团队的方式非常有效，它包括一个高参与度的活动，我们将其称为设计研讨会（Design Charette），详细内容会在第 16 章有所介绍。

在多层级的设计过程中，领导者以下三级或四级的员工会得到战略和评估数据，并可能与同事一起讨论正在呈现的过程和想法。所以这种方式的设计工作不能保密。它应该用于关注发展、创新和提高效率的项目，在这些项目中，要充分利用更广泛的员工的能量和想法。但这种方式不适合裁员、缩小组织规模或解散某个独立的业务部门。

项目时间表

在许多方面，无论是对于一个拥有 3 万名员工还是 30 名员工的公司，组织设计项目都遵循相同的步骤。显然，前者的问题范围和复杂性要大得多，实施阶段肯定也会更长。但是，澄清商业论证、确定基本框架，以及制定顶层人员配置决策等核心步骤对于所有规模的组织来说都是相同的。表 15.1 概述了一个典型的项目计划，作为一般指导，可供参考。

表 15.1 典型的项目计划

行动及结果	备 注	典型运行时间
	商业论证和探索	
战略澄清 战略清晰并得到高管团队的同意和支持	因为组织设计经常根据战略改变而改变，所以不用再花费时间就能理解。但是，有可能需要基于公司未来方向收集数据或获得高管团队的同意	不用花费时间或一个月之内
评估 现状基线被理解（与目标的差距以及可以使用的杠杆）	通常在很好地选择了参与者样本的情况下，12～25 次面谈和几个焦点小组访谈就可以提供足够的信息 评估还包括审核其他数据（组织架构图、战略、文件、财务、客户、员工、竞争对手和行业数据） 通常与领导者一起审核完整的评估报告，然后与高管团队分享。最后把经过调整的版本共享给组织中更广泛的群体	3～6 周：预约并进行焦点小组访谈 1～2 周：评估数据并制作结果报告
设计标准 高管团队就新组织必须具备的能力达成一致，并依据这些能力对所有选择进行测试	设计标准由高管团队在审核评估后制定 可以使用两种方法。第一，高管团队就 3～7 项能力达成一致。然后将这些交付设计团队使用。第二，高管团队将选择缩小到十几个。然后设计团队有机会与之合作并选择其中最关键的	1 周

续表

行动及结果	备　注	典型运行时间
	战略分组和整合	
生成选择 通过研讨会开发和评估一系列符合设计的选择	应该考虑在这里使用研讨会 领导者可以采用三种方法： 1．可以为设计团队提供设计标准，激发最广泛的想法 2．可以为小组提供一个按顺序排列的预定选择，聚焦并指导工作 3．可能做出顶层框架决策（例如，重组高管团队），然后让设计团队参与开发更详细的设计理念，包括整合机制	3～6 周 必须设计研讨会，发送准备工作，让演示者做好准备 如果同时进行两个研讨会：一个生成选择并缩小选择范围，另一个开发更多设计细节，则需要更多的时间
选择最佳设计方案 领导者就新设计制定决策——高层结构、新角色、关键整合点	研讨会的优点是通常可以产生一些可以继续发展的核心思想 如果领导者的组织嵌套在一个更大的组织中，领导者可以在此时选择与同事、内部客户以及发起人会面，于制定最终决策之前，获得有关首选的反馈	2～6 周
设计细节 详细到可以制定人员配置决策的程度	一旦设置了框架，根据组织的复杂性和变革的范围，仍然需要做很多设计工作 从研讨会参与者中选出工作流团队，在高管团队的带领下研究需要改变的细节。这可能包括流程重新设计、决策权、新角色定义，客户交互方式、衡量标准重新调整等	1～3 个月 （这项工作需要等待新的高管团队批准，因此，这个时机与下一步紧密相连）
	人才与领导者	
高管团队人员配置 直接汇报结构已到位且全部角色已被定义和填补	此步骤通常先于或与详细设计工作同时发生。如果寻求外部雇用的话，某些角色可能会被空置一段时间	一周到几个月
组织人员配置 所有关键角色都已被填补；关于人才流动的流程已被定义和充分沟通，并正在进行中	一旦高管团队到位，成员就可以根据正在进行或已完成的设计框架和详细设计工作，开始制定人员配置决策 对于直接向高管团队和关键“支点”的汇报角色，人员配置变化应该由领导和高管团队审查，以确保从企业角度管理人才	一个月到几个月

续表

行动及结果	备　注	典型运行时间
过渡		
实施 组织正在按照新的设计运作	当大部分设计和规划已完成并且人员开始向新角色过渡时，实施便可以开始。实施可能是逐渐发生的，或者可能规定了截止日期。员工构建了可以成功执行战略的能力	三个月到两年

构建组织设计能力

虽然对于组织设计应该属于企业内部的什么部门存在争议，但目前其通常由人力资源部门提供。许多人力资源部门已经重新调整了它们的服务交付模式，以便将组织设计和开发等专业知识集中到小型、能力更高的专业知识中心。与此同时，大多数公司都致力于将人力资源人员重新定义为业务合作伙伴，从而将组织和人才工具纳入业务运营部门。新技术平台、共享服务中心和外包为公司节省了大量时间，并提高了人力资源部门对为组织和人才的业务决策做出更多贡献的期望。好消息是，企业领导者正在寻求内部人力资源合作伙伴提供指导和工具，以发挥真正的竞争优势。存在的挑战是，不仅要依靠少数专家，还要在人力资源职能部门构建共享能力。要做到这点，需要在方法和技能构建上进行投资，并了解优秀的组织设计从业者的职能要求。

方法论

方法论包括：一套共同、通用的概念和原则，可以指导人力资源部门和企业制定设计决策；一个直截了当且易于理解的过程，确保在每个步骤中做出正确的决策、有严谨的工作方法、进行正确的参与和治理；管理者认为有利于决策制定和实施且易于使用的一套工具。

技能熟练的人力资源和组织发展人员

负责指导组织设计流程的人员需要完成以下工作：充分了解企业使用的方法

论、概念和工具；让方法论有效的机制，分享最佳实践做法，促进大家在实践社区内的持续学习；明确启动和实施设计项目的角色和责任。

我们的目标是构建一种能力，使人力资源团队能够在客户群之间始终如一地无缝协作，并让所有客户体验到精干的人力资源服务，不论正在帮助他们的具体是谁。我们发现，遵循以下三条原则可以获得很好的效果。

首先，选择组织设计方法并为人力资源团队提供基础培训。这可以确保人力资源团队拥有关于工具使用的共同知识基础，共享经验和实践，并就内部角色和操作过程达成共识。

其次，人力资源部门的跨业务团队在组织设计项目中一起工作。这些项目可由内部组织设计专家或外部咨询顾问领导。团队帮助进行评估，为研讨会中的小组提供引导，并在详细设计时为工作流团队提供支持。每一步都兼顾实时学习、反思和指导。

最后，选择对工作有浓厚兴趣和有能力的人，并为他们提供高级从业人员培训或让他们参加组织设计会议。这些“黑带”人员可来自组织发展团队、业务合作伙伴、领导发展小组或其他人力资源相关专业人员。

组织设计技能

设计既是分析过程，又是创造过程。分析要素反映在所使用的战略、绩效数据和决策框架中。组织设计也是一种基于对组织行为模式理解的创造性的综合活动。良好的组织设计体现了与对象设计中相同的价值：平衡、比例和统一。组织设计与工业设计的关键区别在于，组织是一种无形但功能强大的构造，它塑造了工作关系网，而非某种有形的对象。

设计思维融合了艺术与科学，即直觉与分析。它在可靠性（产生一致的、可预测的结果）与有效性（产生符合预期目标的结果）之间取得了平衡。作为全球十大最具创新精神公司之一的设计公司 IDEO 的首席执行官，蒂姆·布朗（Tim Brown）认为“公司重组是任何公司可能面临的最致命和最复杂的设计问题之一，但是它很少伴随良好设计思维的任何特征——会议中没有设置头脑风暴环节；绘制组织架构图时几乎没有任何验证思考的证据；在没有原型设计的情况下便制订计划并发布指令”。

技能熟练的组织设计顾问，无论来自内部还是外部，会为流程带来设计思维。自20世纪90年代中期以来，组织设计领域已经成熟并融合。组织设计人员可以利用一组强大的、随时可用的模型、工具、指南和方法。但是，就像在任何领域一样，只具备知识还不够。组织设计需要一组特定的能力和技能。

诊断和分析技能。组织设计人员必须拥有提出正确的问题并理解答案的能力。就像医生对有多种原因的症状进行分类并确定可能的潜在疾病一样，组织设计人员必须能够确定系统中表象问题的根本原因。然后，组织设计人员分析哪些变化将对此特定环境产生最大影响，并且最有可能取得成功。

对组织作为系统的强烈好奇。有效的组织设计顾问对业务和组织生活的复杂性着迷。他们喜欢解决多方面的问题，并且不会停留在简单的答案或单一维度的解决方案上。重要的是将组织视为相互关联的政治、社会和信息形成的网络，而不仅仅是个人的集合。组织设计人员的个人兴趣往往非常广泛，阅读的书籍也非常多，并且对于事物的潜在工作方式充满好奇。

设计思想。无论设计对象是组织、建筑物、技术信息系统还是功能对象，不同的设计人员都有一项共同的能力，即构思和阐明他们的设计如何运作。他们要解决问题并重构问题。设计人员提出正确的问题，生成各种选择，并指导最佳解决方案的选择。他们知道，这个过程很少是线性的，而是迭代的。设计人员往往是敏捷的思想家，乐于解决可能的和实际的问题。

模式识别。组织设计不适合新手。因为设计人员必须有足够的与各种组织合作的实践经验，以构建关于识别和排序模式的专业知识。虽然人们可以通过培训和阅读熟悉框架，但模式识别不来自书本，它源于经验和结构化的反思，要将数据转化为智慧。组织设计源自众多领域，因为该学科依赖许多不同的分析视角。

咨询和引导技能。成功的组织设计需要高度的信心和高水平的能力来指导领导团队完成设计过程，这也是组织设计需要经验丰富的专业人士的另一个原因。所有核心咨询技能——缔约、评估、引导、书面沟通和演示，都会在组织设计过程中涉及。组织设计人员必须乐于发现和管理冲突，因为设计的核心是在选择解决方案之前讨论各种选择和差异。组织设计人员必须乐于通过创造性的或有争议的过程来帮助高管团队。

在任何设计会议中，都会有持不同意见的人，有的人希望沿用过去的经验、杠杆优势并寻求他人之前走过的路线。其他参与者希望将精力投入新颖而充满活力的创意想法中。引导者的任务是帮助这两种人进行富有成效的对话，并共同创造一些新事物。虽然领导者及其团队必须自己发现并实施解决方案，但组织设计人员可以帮助他们获得有关现实和可能性的信息，为他们提供决策的语言和工具，向他们提出挑战并指导他们得出可实施的解决方案。

第 16 章

设计研讨会

五大里程碑流程中最重要的一点是，在战略分组阶段，多元化的团队需要在分析和创造性方面进行思考。正是在这个阶段确定了未来组织的框架，一旦做出结构选择，后续的设计选择范围就会缩小，其他替代路径将被排除。因此，在这个阶段，领导者应该确保在决定优先选择之前考虑最广泛的选择。这是鼓励发散和创新思维的时机。一个激进的选择可能包含可以纳入更实用的解决方案的元素，或者代表可能的长期未来状态。

设计是一种创新，与其他类型的创新过程一样，发现问题的人可能不是解决问题的最佳人选。此外，当不同的观点汇集在一起时，创造性思维常常发生在各种观点的交汇处。

我们已经尝试了许多方法来促进创新思维和问题解决。我们发现，设计研讨会是最有效的工具，可以使不同群体快速关注设计问题并生成和评估一系列选择。

本章我们将：

- 定义“设计研讨会”，建议哪些人员应该参加设计研讨会，提供有关澄清决策权限的指导，并分享详细的议程和引导技巧。

- 建议设立过渡领导者角色来指导实施过程。
- 为组织设计项目提供一些成功的衡量标准。

设计研讨会的定义

设计研讨会是一个持续多日、高度结构化、需要被引导的工作会议。这个术语是从建筑领域借用的，是指一个协作会议，由小组起草设计问题的解决方案。一个组织的设计研讨会有两方面的含义：

1. 整个系统参与。设计研讨会使用大型团体的方法，将尽可能多的整个系统的代表聚集在一起，以便在业务问题上进行整体研究。团体规模从 12 人到 100 多人不等。

2. 密集和迭代。如果可能的话，设计研讨会通常会在远离办公室的地方持续两天或更长时间。这项工作是非常严密的，各小组同时进行迭代性质的工作，然后聚集在一起评审、评估和修改。

哪些人员应该参加设计研讨会

每个组织的参加人数和组成都不同。如果单元很小，甚至可以请每个人都参加。如果正在重新设计一个有数千人规模的单元或公司，那么你必须仔细选择代表，以提供会议所需的多样性，并使那些没来参加的人员看来目前选择的团体可以提供有效的建议。我们的目标是拥有一个参与者列表，组织中的任何人都可以查看并认为“组织已经被代表，并且我可以信任这个被选出来的团体”。可以使用以下参与者列表开始最初的工作：

- 领导者。
- 高管团队（领导者的直接下属必须在场）。
- 评估阶段的参与者或部分人员。
- 各职能部门和地域单元的代表。

- 生产线员工和其他员工。
- 各层级的员工。
- 态度怀疑者和积极影响者。
- 能代表组织历史的老员工、新成员，以及曾在不同模式的公司工作过的员工。
- 利益相关者——内部和外部客户、供应商、合作伙伴。

我们希望至少有 25 名参与者，以提供一系列观点和完成这类工作所需的精力。我们的团体规模不超过 100 人，但也存在其他有效地使用类似技术的团体规模达到过 500 人。整个过程基本相同，只需要匹配对应数量的引导人员和行政支持人员。

决策过程

有关设计的诸多决策是领导者的特权和责任，它们不能被委派。研讨会不是一个集体决策的论坛，而是一种向领导者提供深思熟虑的想法的机制，以便领导者能够对组织进行周全的考虑、合理的变革。明确期望至关重要。让参与者相信他们聚集在一起是就组织的未来达成共识的想法是错误的。共识意味着每个人都同意，但在这样一个复杂的话题上达成共识，意味着有些人拥有否决权，而其他人会妥协，顺从他人的观点。相反，研讨会的目标是激发创造力及协作学习，理想的结果是，整个团队产生了所有在场人员一开始都没有想到的新方案。我们发现，那些清楚地理解自己的工作是提供意见，领导者会做出最终决策的团体实际上会更自由地充分发挥创意，因为他们不需要担心所提供的建议会影响在场的其他人。

现实情况是，开展研讨会的过程几乎总是产生一系列核心想法，参与者无论多么多样化，最后都会围绕到这些想法上，但那不是目标！在所有沟通和邀请中，请确保参与者理解研讨会是关于产生想法、输入和选择的会议，最终决策将在稍后做出。

规划设计研讨会

设计研讨会是新组织的第一次会议，尽管新组织甚至还没有被设计！设计研讨会本身的基调为许多组织提供了一种全新的工作方式。整个过程模拟了如何跨越组织过去可能存在的边界进行协作，以解决复杂的业务问题。设计研讨会规划和准备工作的质量与过程中的引导一样重要。

我们发现两天是最合适的时长。两天能够为一个小组提供足够的时间来完成产生和评估选择的工作，并且让领导者做出所需决策。少于两天的话会略显仓促，但更长的时间也不会增加太多价值，因为在达到主要决策点之前，团队能做的工作基本上也只能到此为止。为期两天的议程分为四部分，如下面清单所示。议程的每个要素将在接下来的内容中介绍。

设计研讨会议程的宏观视角

第一天上午：建立共识

欢迎

评估反馈

战略与数据

设计标准

模型

第一天下午：生成选择

起点和参数

设计生成

分享和评审

第二天上午：评审、修改、丰富细节

评审

丰富细节

分享和评估

第二天下午：规划和沟通

工作流

下一步

沟通

研讨会前预先发布任务

参与者应该准备好一起工作和共同创造。提前发送有关客户、财务、绩效和竞争对手的数据，以便每个人都能了解事实。查找与核心设计困难相关的案例研究或文章（如创新、全球扩张、从产品战略转向解决方案战略），以激发思考。此外，发送阅读作业，概述组织设计概念，以便整个团队可以使用通用语言和设计工具。

第一天上午：建立共识

第一天上午的目标是让在场的每个人达到同样的认知水平。如果来参加的人员确实是一个多元化的群体，那么他们不仅会有不同的观点，也会有不同层次的背景信息、对情况的理解以及对其他人看法的假设。奠定这一基础是研讨会成功的保证。

欢迎。领导者欢迎参与者，并明确说明两天的目标和决策过程。如果参与者以前没有合作过，彼此不了解，那么可能需要在前一天晚上，通过晚餐和热身活动，让彼此熟悉和认识。

评估反馈。下一步是对评估结果进行反馈，并创建对问题陈述的共同理解。反馈应由进行评估的人员提出，通常是内部或外部咨询顾问。面谈和焦点小组访谈的反馈以摘要形式呈现。我们的目标是以直接和诚实的方式将问题公开呈现，但不要公开组织某个部分过于负面的信息，这会使团队合作以及取得成果变得困难。领导者可能会拒绝分享评估反馈，理由是“我们应该关注未来”“为什么要唤起关于那些不起作用的工作部分的不良情绪”“每个人都知道问题是什么”……我们通过评估工作发现，对问题的定义存在很大的趋同性。但是，在场的参与者并不知道这一点。确保“每个人都知道每个人所知道的”，能够缓解设计过程中的紧张关系。通过提出问题并花费大约一小时，让小组成员一起讨论调查结果、确定主题并提出问题，我们能够抛开过去，集中精力共同构建未来。如果跳过这个重要的步骤，问题往往会在两天内以不健康和没有成果的方式出现。

战略与数据。领导团队的领导者或成员介绍战略的关键要素，并突出相关的客户、财务、绩效和竞争对手数据。即使之前每个人都听过相关演讲，他们可能也没有在同一时间或在这种背景下听到过。留出时间澄清所有提出的问题。

设计标准。在战略讨论之后，我们要向小组呈现设计标准清单，以回答关于新组织需要何种能力的问题。这些能力是从评估中总结出来的，或者由高管团队提出。我们希望向小组展示一份包含 8～12 个潜在设计标准的清单，并要求每个人圈出（根据需要进行编辑）5 个最重要的标准。收集和总结所有人填写的内容，并在下午的设计工作之前分发经过统计的设计标准清单。在第一天结束或第二天开始时，这项工作被再次进行评审和改进。如果高管团队已经在研讨会之前缩短并细化了清单，那么任务就由所有人对标准进行排序开始。将标准按重要性排序将有助于团队聚焦权衡和顺序。重要的是，通过对标准的改进或排序活动，可以使整个团队共同讨论这些标准并产生归属感（感受到成果是经过自己和所有人一起努力而获得的）。

模型。我们上午进行的都是教育性质的会议，接下来我们可以提出一些模型来激发参与者的思考和反应。这些模型可能包括行业内外其他公司的组织设计方法示例。虽然我们不相信标杆分析法是促成设计决策的唯一方法，但它可能有助于打破既定思维。

核心团队还可以提供关于如何重新设计组织的模型。这些模型应代表一系列选择，但不应作为建议提出，要作为激发初步讨论和辩论的一种方式。

第一天下午：生成选择

第一天下午让成员分成小组，讨论并生成选择，然后在一个大型论坛中分享，找到团队认为可以继续发展下去的想法。

起点和参数。为确保小组明确任务，确定预期的可交付成果及假设或参数非常重要。一般有三个起点：

- **空白状态。**领导者希望小组生成框架选择，除了达成选择应符合设计标准的目标，不受任何其他限制。这种方法为团队提供了最大的自由，并确保他们产生最广泛的想法。
- **测试和优化。**领导者有首选的框架，但可以更改。领导者展示他的思考过程，这将形成首选的替代方案以及其他可以考虑的方案。小组以这个框架为起点，但不受其限制。
- **发挥作用。**领导者已经确定了框架和高层战略分组，新的高管团队可能已经到位。相关参与者负责生成组成部分如何协同工作的方法。这种方法通常在有明确的高管团队或进行框架变革时采用，并且最好让参与者把时间花在下一层级的设计上。

领导者应明确说明变革范围和任何不可协商的参数。这也是对工作稳定性诚实表态的时候。如果重新设计是发展战略的一部分，那么领导者可以向团队保证，现在的工作不是专注于裁员。如果他说没有人会因此失去工作，那么这个信息就是理想的稳定剂。然而，发展通常意味着通过创建更小和更有效的核心活动来重新定位资源和为新投资提供资金。如果是这种情况，领导者也应该诚实地表示，某些工作岗位可能会消失，并且新组织中可能没有适合当前在职员工和管理人员的岗位。

设计生成。对于小组工作，5～7 人的团队是理想的。如果没有那么多参与者，最好使用 3 人一组的设置，这样可以组成更多的团队。例如，如果只有 12 人，可以组成 4 个 3 人组，而不是 2 个 6 人组。混合组内的人员组成，确保每个组内的成员都具有代表性，这样小组既有关于讨论的主题的知识，又有可能的外部视角。

使用空白状态的方法，最好让所有小组都专注于同一任务，以便可以比较各小组生成的选择。为了测试和优化，或使方法发挥作用，可能需要分配不同的小组，关注组织中不同的部分。

对所分小组的典型说明包括：

- 从现在开始创建组织 18（或 24 或 36）个月后的图像。
- 注意设计标准。

- 这个环节的目的是生成选择和想法；不一定要集体同意或试图找到“正确答案”。
- 不要试图解决所有问题，探索拥有最大影响力的好创意。

如果担心小组对生成大胆的选择感到不舒服或无法集中精力完成工作，那么你可以为他们提供工作表，帮助他们完成一系列需要解答的问题。给小组 1.5～2 小时的工作时间。他们会感到时间紧迫，但这会迫使他们迅速产生想法。如果小组成员不同意这样做，他们可以提出多种选择。我们发现，上午的会议激发了小组成员的创意；到了下午，小组成员开始渴望在纸上将想法具体化。

让小组将 18～24 个月之后作为设计的时间框架。他们正在设计理想的状态。通过关注未来而不是着眼于实际问题的后续步骤，小组成员可以更自由、更大胆地思考，不用担心选择对其他在场人员的影响。提醒他们之后将有足够的时间来根据实际限制进行选择的改进和排序。此时，他们要关注的是在理想情况下组织应该做什么工作。这就将重点从仅仅解决今天的问题转移到了构建新的未来上。

我们以“低科技含量”的方式工作，只需用到活动挂图、马克笔和便签。有时小组想要使用 PPT，但我们发现这会将焦点转移到演示形式上，而不是仅以图形捕获想法。如果某个小组确实想要使用电脑，那么请强调他们不应该使用组织架构图程序，因为在这个阶段最有价值的是提出想法，而非把选择包装得很漂亮。

我们建议领导者不要参与选择的生成工作，以免影响讨论。高管团队可以分散到各小组中或组成他们自己的工作小组。

分享和评审。下午的最后 90 分钟到两小时是分享和评审。每个小组都展示其作品，其他参与者提出澄清问题，引导者需要确保讨论是非评判性的，并且在所有小组展示之前保留替代方案。领导者需要在场，但应该对讨论保持中立，只提出澄清问题。另外，他应该对小组的工作和努力表示肯定和赞赏。参与者，尤其是较低层级的参与者，可能担心展示选择会带来政治风险，他们应该被告知展示是安全的。参与者会观察领导者的肢体语言，并通过领导者的评论来解读领导者对自己的看法。需要提醒在场的小组成员，这个环节不会做出任何决定，在所有小组展示完成之后，引导者可以帮助总结相似的想法和主要的差异领域。

这一天结束时，领导者需要确定第二天上午第二轮设计聚焦的主题。例如，在企业从面向产品的战略转向以客户为中心的战略中，每个小组都确定了构建新的售后服务能力的必要性。但是，对于由哪个部门或单元来进行引领，是企业中心、区域管理部门还是业务单元，答案并不一致。为此服务提供更详细的选择成为第二轮设计的主题。

密集的工作、反思，然后重新评审和修改对设计思维十分有帮助。研讨会中至少应该有一个夜晚让大家可以在一起。如果有需要，可以组织更多次数的研讨会。在结束第一天的工作后可以组织轻松的团体招待会或晚餐，以鼓励大家社交。

引导者和行政团队利用晚上总结当天的成果，并与领导者会面，就第二天上午的重点和小组讨论的主题达成一致。

第二天上午：评审、修改、丰富细节

评审。以评审第一天的输出开始上午的环节，这些输出通过书面文字呈现，可能包括对战略的问答讨论、对评估结果讨论中关键主题的总结，以及对设计标准的改进。评审选择中的共同想法，进一步探讨存在分歧的领域。

丰富细节。第二天上午的大部分时间用于另一轮设计。一定要混合各组，否则，某个小组可能对某个想法过于执着。几个小组同时工作，多多少少会带来一些竞争，这很好，因为竞争会带来能量。但是，不要让小组认为“这个想法是我们提出的”。理想的状态是，在讨论会结束时，好的想法属于所有人，没有人记得谁最先提出了这些想法。

在第二轮中，每个小组将致力于一个独立的主题。例如，第一小组可能会研究如何最好地划分销售人员，第二小组可能会研究如何构建服务能力，第三小组可能会研究市场营销中需要哪些新角色，以及如何把其安排在组织中最合适的位置。需要为小组选择合适的参与者，以确保每个小组被很好地混合，拥有匹配的专业知识。我们还发现，让参与者自行选择想要参与的主题，可以让他们充满活力。在这种情况下，将主题放在场地周围的活动挂图上，让参与者投票选出他们想参与的主题，这使你可以快速看出是否需要进行重新调整，以确保小组活力满满。

第二轮也可用于测试正在出现的选择。选择一些真实的场景，如由于组织中的摩擦而很难完成的工作，以及由于流程或能力差距而无法完成的工作。选择一些场景，能够反映各种来源的工作，如客户请求和公司要求。查看特殊的项目（如收购或工厂关闭）以及正在进行的工作。让小组探讨这些场景将如何在新模型中发挥作用。

分享和评审。与第一轮设计一样，大约工作 90 分钟后开始分享和评审。

第二天下午：规划和沟通

工作流。在第二轮设计之后，可能很明显有一些好的创意值得进一步研究，需要收集更多的信息，或者出现了一些需要集中设计关注力的特定主题。如果是这种情况，请要求参与者自愿为每个工作流制定章程，包括目的、可交付成果、时间表及所需的内部和外部专业知识。在场的小组经常成为这些工作流的核心团队，但领导者可能需要在研讨会后公布下一步如何工作之前，评审并确定需要做出哪些框架决策、活动顺序及工作流小组的成员资格。

下一步。根据起点和所取得的进展，小组可以开始围绕活动顺序草拟时间线，或者在这个阶段，领导者可能希望总结一下学习成果，对小组所展示的努力和团队合作表示赞赏，并列出后续工作的总体时间线和顺序。虽然领导者在研讨会期间对于做出设计决策不会感到压力，但他应该非常清楚整个时间线（通常是接下来的 6 个月），以及这个过程中的实践步骤。

小组可能会感觉有点儿失望，因为他们觉得自己没有“完成”，还有很多未解决的问题。这是很自然的，应该承认。小组成员在第一天开始的时候，都想知道其他人在想什么，并对他们面前的任务感到焦虑。到第一天下午结束时，大家往往会很高兴，对一天内取得的进展感到非常满意。他们看到一个多元化的团队聚集在一起，为未来确定有创意的和令人兴奋的选择。到第二天结束时，重点转移到如何实施，参与者可能会感到信息量太大，有些不知所措，想知道“我们将如何到达那里”。他们已经看到了可能会去的地方，会认为达成目的的过程是漫长和复杂的。

领导者可以通过明确实现未来的过程进行回应。此外，如果可能的话，引导者可以让小组确定一些可以立即收获的“触手可及的成果”，以保持动力，并立即向组织中更大范围内发出有关未来执行过程的积极信号。这些变革内容应与设计标准直接相关，但不要求结构、衡量指标或人员的变革。例如，小组建议组建一个团队来解决已经陷入困境的客户服务问题。

沟通。在结束研讨会之前，重要的是评审参与者可以向员工、同事和客户传达的内容以及不能传达的内容。组织的其他成员会很好奇并询问研讨会当中制定了哪些决策。我们建议参与者可以传达的信息包括：

- 关于战略和变革需求的关键信息。
- 设计标准。
- 所经历的过程概述（参与、选择生成、辩论、修订）。
- 下一步行动的时间表。

参与者不应与没有参与的人员分享生成的设计选择（研讨会的最终结果）。由于这些选择仍然只是可能性，如果脱离背景讨论，很容易让人产生焦虑。

规划与后勤

规划团队。规划团队负责确保研讨会的成功。参与者应该能够完全专注于工作，而不必担心会议的机制。规划团队通常类似于整个项目的核心团队，其组成可能包括以下部分或全部：领导者、人力资源人员、组织发展人员、战略规划人员、项目管理人员、沟通人员和外部咨询顾问。规划团队设定研讨会议程，准备沟通以及任何会前活动或阅读，确定参与人员，并参加后勤会议。

引导者。研讨会需要至少一名不是参与者的主要引导者。人力资源业务合作伙伴通常不应成为引导者，而应充分参与设计工作。最好的选择是使用外部咨询顾问或内部组织发展专家。对于超过 20 人的研讨会，需要两名引导者。根据设计任务的复杂性和团体动力，可能也需要引导者协助小组讨论，在这里，其他业务单元的人力资源同事可以很好地发挥这一作用。另一种选择是从第一轮各小组中分别指定一个人作为小组的引导者，在研讨会之前与这些人会面，为他们提供模板，告知他们如何帮助小组成员协同工作——需要他们明确指示和规定、把握时间安排，以及了解一些引导讨论的技巧。

主要引导者的作用是按时完成会议、提供明确的活动指示、与领导或高管团队合作、为迭代工作确定合适的问题和任务、引导大规模团体进行评审和讨论、总结关键点和主题。除了基本的组织设计知识，引导研讨会需要高水平的咨询技能，以及帮助具有多样性背景的小组解决复杂问题的经验。

行政人员。需要一个行政团队来协调材料、视听设备、茶歇、用餐，以及与会议中心的对接，并为参与者提供旅行和信息支持。此外，他们还需要参与全体的大规模会议，以记录问题和答案，打印笔记，并做好对设计标准进行修订的准备。

后勤。研讨会的主要房间应设有圆桌，可围坐 6～8 人，并配有舒适的转椅。然后选择一个足够大的场地，小组成员可以在不打扰彼此的情况下工作并查看贴在墙上的材料。此外，需要安排用于小组活动的单独场地/房间。每张桌子和单独房间都应该配有活动挂图和马克笔。此外，一些小组喜欢使用各种尺寸的便签，来说明其设计选择中的各种角色和关系。可以使用名字标签和胸牌来促进小组成员建立关系。确保麦克风设置良好，如果场地的音响有问题，可以为参与者提供手持式麦克风。

在设计过程中，研讨会确保参与者了解设计决策的复杂性。即使有人不同意最终设计的某些方面，他也会明白领导者所做的不是一个简单的选择。参与者在研讨会结束后会作为流程的拥护者，能够真实地谈论战略、企业变革缘由和所需的能力。他们创建了新的社交网络和信任的工作关系，这将成为进一步跨组织协作的基础。领导者由此获得了一个扩展的领导团队，随时准备支持实施变革并积极影响变革过程。

研讨会的费用并不是小数目：参与者离开工作的成本、旅行花费、会议中心的费用、引导者的费用，领导者可能会质疑这笔费用是否值得。在指导和观察组织设计项目的许多不同方法之后，我们认为设计研讨会是对内容和流程的明智投资，因为通过设计研讨会提供给领导者的想法的范围和质量超出了我们所见过的任何其他方法。此外，变革管理和实施在流程开始时就发生了。研讨会通过分享知识、达成理解、建立工作关系、加强沟通、构建影响力网络来加速变革。

领导者的过渡

在研讨会结束后，领导者将设置关键框架并做出人员配置决策，将组织推至过渡阶段。一旦高管团队到位，团队成员会很快地将注意力从设计转移到组织运营的日常工作中。然而，过渡需要强有力的指导和项目管理，这不应该留给高管团队，因为这只是他们个人议程的一小部分。核心团队成员也需要回到他们的“日常工作”中。尽管人力资源人员、组织发展人员和战略领导者将在过渡中发挥重要作用，但实施阶段可能不是他们投入时间的最佳环节。与此同时，领导者应该避免将这项工作转交给初级项目经理，因为他们尚不具备推动组织向前发展的影响力。

对于重大变革，领导者应考虑任命“过渡经理”。虽然领导者和高管团队仍对过渡质量负责，但过渡经理承担执行的日常职责。过渡经理负责实施的计划包括以下要素：

- 管理项目计划（任务、里程碑、负责人、时间表、状态、依赖关系）。
- 确保所有实施工作流的团队都在向前发展。
- 确定需要建立哪些新的团队、关系和网络，并确保人员间进行必要的沟通。
- 确保高管团队议程聚焦于正确的主题，并确保成员对支持新组织模型的行为负责。
- 管理沟通、反馈及参与活动。
- 跟踪绩效、衡量成功，并主动建议对高管团队进行调整。

过渡经理最好由一名具有高可信度、高潜力的直线经理担任，该经理暂时晋升为高管团队的一员，或者由一位备受尊敬的退休高管担任。他应该是一名能力很强的项目经理，他将组织视为战略杠杆，并具有强大的影响力和高技能。如果变革是大规模的，那么这将是一个有时间限制的全职角色，通常为 6～12 个月。

衡量成功

组织设计项目在独特的背景中呈现如此多的变量，以至于难以衡量成功。下面是我们内部使用的控制板，也可能对你有所帮助。

商业成果

财务和客户业绩指标可以衡量最终的商业成果。但是，即使可以在组织设计决策和业务成果之间建立因果关系，它们也是滞后的指标。一旦发现业务表现不佳，改变方向为时已晚。

相比之下，基于设计标准的能力是卓越的先行指标。它们可以被测量，并且可以在中途进行调整。先行指标是假设“如果我们做 X，那么 Y 将会发生”。例如，“如果我们改进从概念到设计的创新过程，我们将更快地将产品推向市场。减少新产品开发周期将使我们比新兴市场中的竞争对手更具优势”。然后，创新过程中的能力可以被转化为一系列可被跟踪的衡量指标。

客户满意度

下一个衡量指标是领导者和高管团队（客户）是否同意使用规范的组织设计流程，使他们能够做出更好的决策并更有效地工作。客户是否认为通过组织设计流程、工具和引导达成的决策比自己做出的决策更好？他们更快地取得最终结果了吗？

项目纪律

对于核心团队而言，项目管理的质量也是一个重要的衡量指标。思考一下：“我们在多大程度上达到了里程碑并实现了承诺？我们是否按时、按预算、按制定的规范完成了工作？如果我们是一家咨询公司，客户是否会觉得他们获得了很好的价值，以及与我们做生意很轻松？”

内部工作关系

这个衡量指标尤其适用于人力资源团队。在许多公司中，集中式组织发展人员与人力资源人员或其他内部支持小组一起工作。如果在客户面前表现出任何摩擦和混乱，那么请思考一下：“我们的协作是否足够好？”

学　　习

最后，我们相信每个组织设计项目都是领导者、员工和人力资源团队一起经历的学习过程。当学习是衡量成功的指标时，要确保学习不仅培养个人技能，还能构建组织能力。此时你可能会问：“我们做得怎么样？我们能做得更好吗？我们在多大程度上记录并分享了我们学到的东西？”可以采取包括事后分析、情况汇报、午餐学习、对内部网站的贡献，以及对组织设计工具包的补充等方式进行学习。

第 17 章

学习领导组织设计

如果你是作为商业领袖来阅读本书，我们建议你将组织设计视为领导者个人有效性的重要组成部分。

从 20 世纪 50 年代开始，彼得·德鲁克（Peter Drucker）在亨利·法约尔（Henry Fayol）和弗雷德里克·泰勒（Frederick Taylor）的基础上继续研究工作，他为作为艺术和科学的管理带来了行为视角，定义了领导者对绩效的影响。领导者研究逐渐发展成为一个主要领域，从弗里德·赫茨伯格（Fred Herzberg）、大卫·麦克里兰（David McClelland）、沃伦·本尼斯（Warren Bennis）到丹尼尔·戈尔曼（Daniel Goleman），我们知道了领导者如何通过卓越的愿景激发有内驱力、有效能的人才释放更多能力和光彩。

然而，随着时间的推移，领导者理论围绕规范性框架而建立，其研究重点越来越狭窄。这与德鲁克广泛而高度整合的企业管理蓝图形成鲜明对比，他认为领导者是必要但不充分的要素。

人才与组织的交叉点

将领导力与看似平凡的管理任务区分开来的努力，有助于明确愿景、增加勇气和提高情商，从而推动实现卓越的成就。但是，专注于卓越团队的领导者研究——从体育运动到英雄产品开发实验室，只讲述了其中的一部分故事。如果没有努力构建并激活组织能力，那么设定令人信服的愿景及建立有内驱力的员工队伍是没有意义的。

我们最近与一位高管完成了一项教练任务，暂且把这位客户称为约翰。他是一位高潜力的部门总经理，在我们见到他之前的两年，他被任命负责一家大公司快速增长的、价值 10 亿美元的部门。约翰的老板期待通过他的创造力、激情和极好的人际交往能力，结合他 17 年的行业经验，以及作为一个非常成功的销售领导者，可以带领该部门取得更多成就。他在过去五年中实现了最高 15%的年增长率，他专门负责将该部门的成功方案扩展到新市场。约翰的业务战略以他对全球客户的出色直觉为指导。他用愿景和团队所面临的挑战激励了他的扩展领导团队。但作为总经理，约翰在掌舵的头两年里一直难以实现预期的增长目标。

深入了解这个组织的动态时我们发现，尽管他的团队对他抱有很大的期望，但许多人对约翰无法实现从一个高度创新的部门到一家规模较大的跨国公司的管理角色的过渡感到沮丧。其中，创新部门的业务大部分是在北美和欧洲部分地区，约翰被期望引领公司的其他部分进入更加复杂的新市场。

显然，约翰对如何通过构建诸如发布全球产品、管理战略合作伙伴、在中国和印度建立基础设施和培养人才等组织能力来扩大其影响力知之甚少。像许多总经理一样，约翰在从职能管理到业务管理的过渡中苦苦挣扎。约翰认为，当他阐述自己的期望时，有能力的人会将他的想法变为现实。从某种意义上说，他高估了自己的说服力，并过分简化了一个协调一致的组织执行复杂战略的重要性。

领导优秀团队的高管和领导强大组织的高管之间的差异，在于如何使用杠杆治理、如何整合，以及如何达成可重复性的结果，所有这些都是通过能力构建实现的。能力的一个定义是，当伟大的领导者离开时，卓越的组织可以幸存下来。

即使飘忽不定、古怪而又聪明的史蒂夫·乔布斯（Steve Jobs）也借助他的左膀右臂蒂姆·库克（Tim Cook）学到了这一点——库克是苹果公司具有高度纪律性和流程导向的首席运营官。当拉夫雷（Lafley）于 2009 年卸任宝洁公司首席执行官时，宝洁公司比他继任之前在全球消费市场上更有竞争能力。拉夫雷在宝洁公司实施的由前任开始的全球组织模式的旅程是痛苦的，他花费数年时间完成了这个充满风险同时又非常复杂的过渡。拉夫雷侧重的是有条不紊、深思熟虑的组织能力建设研究，而不仅仅是具备超凡魅力和有远见的领导才能。

变革的步伐和当今业务挑战的不确定性要求组织提升灵活性，随着市场形势的变化，组织和领导者不应该保持不变。但新的研究认为，表现优于同行的公司，不仅需要对环境变化做出反应，还需要更积极主动地发展领导者和组织。举例来说，根据未来的发展方向，全面裁员被重新分配资源及对人才的非对称投资所取代。

杰克·韦尔奇（Jack Welch）早年在通用电气公司调整人才和组织审查过程时就意识到让领导者考虑组织和人才的重要性。近年来，联合利华和其他公司采用了类似的领导者和组织有效性年度评审。在组织评审中，领导者面临一系列问题的挑战，这些问题旨在使他们专注于未来的组织能力和胜任力需求。鉴于已经做出的发展选择，哪些工作需要高层管理人员的关注？未来几年将如何在新兴市场发展业务？哪些职能部门对未来的发展影响最大？你能经营一个这样的组织吗？组织中的哪些职位能够为高潜力领导者带来学习经验？万豪集团则在这些工作上更进一步，将评估能力作为年度人才审核流程的一部分，并且让现有内部组织设计专家帮助解决这些问题。

通用电气公司评审中的问题以崭新的视角引发了关于典型的领导者和人才的讨论。关于如何以及在何处使用特定管理人员的特定才能和经验的问题，从长期来讲更为有趣，因为考虑了可能存在的组织变革。韦尔奇认为这是一次整合的对话，他期望自己的高管也这样做。通用电气公司的高管，如拉里·博西迪（Larry Bossidy），本能地希望在运营部门中创建组织和高管人才的正确组合，作为在通用电气公司及后来的联信、霍尼韦尔等公司的业务单元的战略执行方式。

构建总经理的组织知识

组织设计不是一劳永逸或偶然的事件，相反，它是良好管理流程的持续组成部分。企业高层管理人员以及主要运营部门和职能部门的管理人员，应熟练使用本书中列出的框架以及其他类似的框架。我们认为，这种专业知识是当今领导者工作的核心，其包括三组技能：

设计

- 定义执行战略目标所需的能力。
- 对执行过程中的组织障碍和人才障碍进行判断和移除。
- 充当架构师，协调业务流程、结构、角色和激励系统，以推动新的结果。

启用

- 投资于从事关键工作的人才。
- 管理整个企业的领导人才流动。
- 教导其他高级管理人员了解其角色和决策权。
- 帮助领导者的下属经理在他们的管辖范围内构建组织能力。

治理

- 使用四项治理杠杆来平衡矩阵中的权力关系；欢迎冲突，将它公开呈现，并使用不同的观点来助力业务。
- 管理高管团队，以确保目标在整个组织中纵向和横向的一致性。

管理者如何学习这些技能？他们通过产生觉察开始。诸如本书中的框架，可以用作学习和指导的工具。如果可以找到一起学习的、内部或外部的组织有效性合作伙伴也是一个不错的方式。

通过实践学习

经验仍然是高级领导者发展的最佳来源。一些人认为，高级领导者发展的70%可能来自经验，20%来自教练，只有10%来自课堂教学。

在公司内部实施新的组织设计是提供“管理经验”以加速高潜力总经理候选

人成长的一种方式。通过复杂的组织转型来引领变革的挑战，为领导者发展提供了良好的机会。至少有两种方法可以在组织设计中获得领导者发展经验。

通过制定设计决策来学习。重新设计组织的工作为领导者的成长提供了一个特殊的机会，可以选择高潜力的管理人员参与设计团队，以解决战略和执行问题，并确定应对特定战略挑战或机遇，调整结构、流程、角色和决策权的最佳方法。在设计过程中，成员了解了结构、流程、衡量指标和人才之间的关系，并学习了组织框架和模型，这些内容对于他们之后承担更重要的领导角色非常有帮助。通用电气、宝洁和其他许多公司以这种方式熟练地培养组织设计团队。

最近几年，耐克公司设计团队的高潜力领导者已经学会分析组织设计不同方案的益处和风险。耐克公司广泛宣传的一个重点是关于消费者品类的转型。超过 100 位主要领导者通过新的基于品类的结构、新流程设计、新角色定义和决策权的细节开展工作，并参与了为期两年的设计和组织发展思考。内部和外部的组织发展专家为设计团队提供支持，分享了本书中介绍的许多工具和实践，并教导领导者如何应用它们。

新的总经理能够理解并影响组织的所有因素，这些因素影响了他们想要创造的消费者体验。

通过领导组织设计的重大变革来学习。通过实施新的组织设计，引领重大变革是另一种积累丰富成长经验的方式。特别是如果新的组织设计由于其反文化性质而产生阻力，那么在这些新结构中担任新角色的领导者将经历不寻常的考验，并通过成功和失败不断成长。由于这些变革领导者将对其行动学习项目的成果负责，因此学习的能力和程度得到了极大的提高。

通常，在过渡期间存在高度模糊性。领导者如何应对不明确的变革问题，并引导自身理解这些问题也是学习的一部分。学习的机会包括：在变革过程中确定各利益相关者的利益，预测阻力点并计划克服它们，尤其是在需要管理“虚拟”业务部门的情况下，这些部门严重依赖由跨文化、地域单元、职能部门和市场条件组成的矩阵。强大的人力资源合作伙伴为新上任的领导者提供支持，帮助他们学习如何在复杂的领导者挑战中使用好各类工作人员。

回到耐克公司的例子，高潜力的副总裁候选人被安排在新的基于品类的业务部门，每个人都经历了如何完成品类的详细设计的复杂工作，其中包括关键岗位的人员配置、启动新的跨职能团队、与高度复杂的利益相关者合作，以协调各职能部门和地域单元的角色与期望。

在经验成长期间提供支持

一些最好的高管发展机会是在压力下产生的。随着组织的重新配置，公司可以为领导者提供卓越的学习体验，以及领导技能的挑战性测试，要求他们引导从现有结构和流程转变为新的结构和流程。设计这些过渡以最大化学习，意味着为变革领导者创建一个框架，以在变革过程中遵循并提供支持和指导。这意味着要通过评估领导者来找到那些在重大变革的不确定性中茁壮成长的人。这种有意识的、有计划的变革方法对于领导者的成长具有重要意义。

以下是成功使用设计项目让领导者得以成长的一些建议。

1．选择参与设计过程的候选人以及领导变革的人员。

- 高潜力的管理人员，他们可能会取得成功，但需要接受测试并踏出舒适区。
- 战略和商业导向的人员，他们可以为与组织构成部分相关的设计过程提供创新思维。
- 目标团队成员，能够完全接受对于企业的最佳设计选择，并且不受个人目标的影响。

2．在整个设计、构建和过渡过程中对管理人员进行培训。

- 教导他们使用组织设计工具和方法来完成任务。
- 提供内部或外部组织发展援助。

3．与领导者和可以向其寻求帮助的更多高级管理人员一起支持变革流程。

- 消除主要障碍，并支持更大的变革过程。
- 将实际职责委派给新部门的领导者，包括允许一定范围内的失败。
- 提供非评估性的辅导和教练。

4．通过观察领导者在具有挑战性的新情况下的表现，评估绩效并定期提供反馈。使用一套明确的标准来衡量新上任高管领导变革、构建学习能力，以及管理复杂项目的能力。

我们在本书开始时提出过领导者只能通过三种方式直接推动结果的观点：制定正确的战略、选择合适的人才、建立有效的组织。企业领导者在当今全球化的、虚拟的和矩阵化的世界中所面临的挑战既令人兴奋又令人生畏。未来的高级领导者不能完全依赖战略、人才和组织方面的专家，而必须在这些领域构建个人能力和建立信心。成功取决于拓展性、集成性思维和领导者行为，这些行为可以使以上三种方式发挥协同作用，共同为企业所服务的许多苛刻的利益相关者取得卓越的成果！

复泰实战商学院简介

复泰实战商学院（上海复泰教育培训学院，以下简称“复泰”）是经教育主管部门批准设立的高等教育机构，致力于把商学、创新与科技相结合，打造实战商学的独特定位；通过融合全球名校学术资源与 500 强企业最佳实践经验，为大中型企业提供中高层管理者人才发展线上线下整体解决方案，传播实战经营智慧。

经过近 20 年的不懈努力，复泰已获得学界、政府及业界的多方认可，作为由 10 所 985 高校发起成立的中国高校 EDP 联盟成员，先后荣获“上海市企业教育培训机构示范单位”“中国最佳培训服务机构”“2019 中国领导力发展培训机构 10 强”等众多权威奖项，成为众多标杆企业的优质供应商。

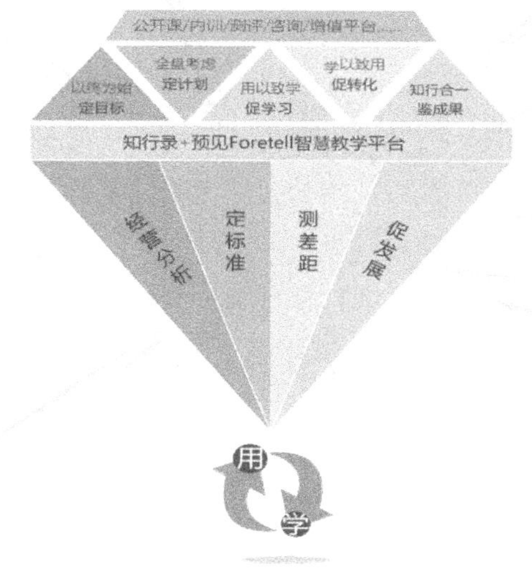

迄今为止，复泰已为3000多家大中型企业集团提供人才发展服务，涵盖大金融、汽车工业、高端装备制造、能源化工、建筑地产、医药、新经济等国计民生核心产业，其中，500 强企业超过 100 家、上海纳税百强企业 93 家，参加学习的企业管理人员高达数十万人。

复泰总部位于上海，在北京、深圳等地设有分院，业务辐射全国。为支持客户企业的国际化人才培养，复泰还在美国（哈佛、麻省理工、斯坦福）、英国（牛津）、德国、以色列、日本、新加坡等地设立联络处，是一所具有跨国资源整合并进行教学交付能力的实战商学院。

为了更好地满足客户实战商学的需求，复泰一贯重视产品的研发创新与资源整合，拥有一套实战商学方法论、二类优秀师资、三种典型学习方式、四维素质模型、五大服务模式。这些为系统性的人才培养奠定了坚实基础。

其中，实战商学方法论是以“用以致学”的理念为指引，将人才发展需求分析与规划、项目实施与管理、服务模式等集成在复泰实战人才发展模型——“钻石模型”中，内含大量的专业方法和工具，是帮助企业建立系统人才培养体系与设计实战落地项目方案的得力助手。

师资是决定项目交付质量的关键要素之一。复泰对师资的筛选非常严格，必须有真才实学、授课效果好，且配合度高。千余位师资分为两大类、四小类。两大类是“全球学术资源”和“500 强最佳实践”，四小类是名校教授、专家学者、企业高管和咨询顾问，比例分别是 40%、10%、10%和 40%。

复泰推荐混合式多元化学习方式，将“知识学习”“向他人学习”“工作中学习”优化组合，力求有用、有趣和有效。复泰认为，实践是最重要的学习渠道，所以非常重视实战和商学的结合，擅长在学习项目中引入行动学习、项目复盘等实践方式，也具有“项目式学习”等自主知识产权。

复泰为客户提供五种服务模式，分别是开放课堂、在线学习、内训项目、测评咨询及特色服务。其中，课程部分围绕“正心、取势、明道、优术”四维管理者素质模型设计，包括以下五大类。

- 商学（PMBA）：时势、战略、组织/HR、营销、运营、财务
- 数字和科技：产业互联+数字转型（含数字化战略，中台建设，平台转型，行业应用如金融科技、工业互联网等）+科技前沿（5G、人工智

能、大数据、区块链、物联网、云计算等）

- 创新敏捷：创新战略、创新工具、创新应用、敏捷转型
- 领导力：领导自我、领导业务、领导团队、领导组织
- 人文党性：人文+党建+生活

为提升企业商学教育的效果，共创实战商学策略与实施路径，2019 年 12 月 20 日上午，复泰发起了“实战商学 探索之路——首次产学研多方共识会”。会上政商学多方代表共同签署了《实战商学 复泰共识》。

《实战商学 复泰共识》指明了未来进一步的努力方向：一是行业洞察；二是热点问题追踪；三是构建知识库（中国案例）；四是完善课程体系开发；五是实战商学师资库建设；六是新技术、新模式的应用；七是人才的培养与激励（合伙人制度等）。

复泰将遵循共识，不忘初心，继续努力。“一花独放不是春，百花齐放才是春”，期待更多教育机构一起共同致力于实战商学教育的探索与实践！